KB124317

끌림의 미학

카리스마 법칙

끌림의 미학
카리스마 법칙

Kurt Mortensen 지음 | 이소희 옮김

북허브

'카리스마 법칙'의 현실이 세상에 나올 수 있도록 도움을 주신 모든 분들께 이 책을 바칩니다.

이 책을 집필하는 동안 내내 나를 지지해 주었던 사랑하는 아내 드니타와 우리 아이들 미첼, 베일리, 매디슨에게 사랑과 감사의 마음을 전하고 싶습니다.

또한 이 책의 집필을 가능하게 해 주었던 모든 고객과 클라이언트에게 특별한 감사의 마음을 표현하고 싶습니다.

그리고 모든 동료, 부모님, 친구, 스승을 비롯해 나와 이 길을 함께 해 준 친구들에게도 감사의 말씀을 전합니다.

"저 사람은 카리스마가 있어."

주변에서 이런 말을 흔히 듣게 됩니다. 카리스마가 있는 사람을 만났을 때 여러분은 어떤 반응을 보이나요?

이 책을 옮긴 저는 카리스마 있는 사람을 보면 조금 부러움을 느끼곤 합니다. 아마도 많은 사람들이 저와 비슷하게 느낄 것이라고 생각합니다. 또 카리스마와 나는 관계가 없는 먼 이야기라고 치부하는 사람들도 있을 것입니다. 하지만 이렇게 되면 정말 카리스마는 먼 나라의 이야기가 되어 버립니다.

카리스마!

이 책을 본 순간 카리스마를 거룩하게 전염시켜야겠다는 생각이 저를 전율케 했습니다. 막연히 알고 있는, 그리고 부러워만 하는 카리스마를 우리 모두가 자기 것으로 삼을 수 있도록 하고 싶었습니다. 또한 선하게 전달하는 비결을 알려 주고 함께 실행해 보고 싶었습니다.

리더는 어떤 형태건 카리스마를 지니고 있습니다. 글로벌 사회가 될수록 대부분의 분야에서는 카리스마를 지닌 리더를 원합니다. 따라서 카리스마는 리더십의 핵심이자, 리더가 되기 위해 길러야 할 덕목이라고 볼 수 있습니다.

또한 글로벌 시대인 오늘날 우리 사회는 다면적 리더십을 지닌 사람을 필요로 하며, 리더십 교육이 성인의 전유물이 아니라 어린 유아동기 때부터 길러야 할 습관적 덕목이 되었습니다. 이렇게 본다면 이 책은 기업 중심의 성인 리더십 교육 차원에서 필요할 것은 물론이고, 자녀를 둔 부모와 어린 아동을 교육하는 사람들이 필독해야 할 책이라고 확신합니다.

이 책을 옮기는 과정에서 느꼈던 점은 크게 세 가지입니다.
- 카리스마가 내 몸에 맞는 옷처럼 편안했습니다.
- 이 책의 지혜를 바탕으로 하면 누구든지 자기에게 잘 맞는 카리스마 옷을 입기가 매우 쉬울 것입니다.
- 옷에 하는 장신구처럼 나와 우리를 위한 카리스마 키우기에 대해 매우 구체적인 방법을 제시하고 있습니다.

이 책이 지닌 특별한 강점을 통찰하고 기꺼이 출간을 허락해 주신 박찬후 사장님에게 변함없는 감사를 드립니다. 박 사장님과 같은 분이 계시기에 탁 쏘는 한 번의 맛으로 끝나지 않고 두고두고 읽는 책을 소장하는 기쁨을 누릴 수 있다고 믿습니다. 편집과 교정·교열을 맡아준 김은정, 박민정 님에게도 고마움을 전하고 싶습니다.

사랑하는 제자들의 도움이 있었기에 이 번역서가 세상에 나올 수 있었습니다. 그들을 진심으로 축복합니다. 특히 많은 도움을 준 유서현과 염서영, 고마워!

이 책을 통해 천편일률적인 카리스마가 아니라 우리 모두 개성 있는 카리스마를 지닌 리더가 되어 서로 지혜롭게 사랑하며 살기를 진심으로 바랍니다.

모든 것은 하나님의 은혜입니다.

2015년 8월
효창동 서재에서 옮긴이　이소희

CONTENTS

PART 3 전달과 의사소통 : 확신을 갖고 말하라

PART 4 타인에게 권한 부여하기 : 전염되는 협력

PART 5 잠재의식 유발 : 옳고 그름 판단하기

성난 꿀벌 이야기

곤충은 매서운 겨울을 보낸 후 아름다운 봄을 맞이한다. 당신은 밖으로 나가 온몸에 태양의 온기를 느끼며 신선한 공기를 들이마신다. 봄 내음이 집 안 가득 들어오게 하려고 모든 문과 창문을 연다. 당신은 신선한 공기가 막 몰려 들어오는 것을 느끼고 집 안을 생기 있게 바꾼다. 그런데 따뜻한 공기만이 집 안으로 들어오는 것은 아니다. 곤충의 윙윙거리는 소리도 들려온다.

집 주변에 꿀벌 한 마리가 날아다닌다. 벌이 너무 무기력해 보여서 당신은 도와주기로 마음먹는다. 당신은 벌이 자유를 향해 날아갈 수 있도록 그 길을 알려 주고 싶다. 벌은 거실의 큰 유리창에 이리저리 부딪히고 있다. 당신은 문을 활짝 열어 벌이 안전한 곳으로 날아가도록 애쓴다. 하지만 당신이 노력하면 할수록 벌은 왠지 모르게 저항을 한다. 당신은 성난 벌을 보고 당황한다.

'나는 단지 벌의 목숨을 구하려는 것뿐이야.'

당신은 벌이 열린 문으로 향할 수 있게 도우려 한다. 하지만 벌은 화가 나서 당신의 팔을 침으로 쏜다.

의미

다른 사람들이 성장하는 삶을 살 수 있도록, 스스로 발전할 수 있도록, 혹은 그들의 인생을 바꿀 수 있도록 이끌거나 영향력을 끼칠 때, 당신은 공격받거나 비난받고 심지어 벌에 쏘이는 것처럼 되어 버린다. 왜 그럴까? 무엇이 잘못되었을까? 왜 상대방은 당신의 도움을 거절하는 것일까? 그들은 왜 당신의 리더십을 거절하고 영향받기를 거부할까? 당신은 그들의 최고 관심거리를 알고 있다. 그들의 거절은 당신에게 아픔을 준다. 우리는 그런 상황이 그들의 잘못이고 그들이 더 현명해질 필요가 있다고 말한다. 하지만 오히려 그 반대의 현상이 벌어진다.

어떻게 다른 사람들이 하고 싶은 것을 더 잘 할 수 있도록 도와주고 흥을 북돋울 수 있을까? 카리스마, 리더십, 영향력의 힘을 알아보고 노력을 경주해 보자.

카리스마의 힘 : 최고의 성공 비결

누군가가 노력하지 않고도 어떻게 상대방을 사로잡고 고취하고 영향력을 끼치는가를 본 적이 있는가? 어떤 이들은 이런 사람에게 곧바로 반해 버리거나 그의 주변에 있고 싶어 한다. 어떤 사람이 방에 들어가면 모든 사람들이 그를 주목한다. 주변 사람들이 그에게 무엇인 가를 주고 싶어 하고, 또 그는 항상 원하는 것을 얻을 수 있는 것처럼 보인다. 어떻게 하면 이런 즉각적인 시선 집중을 사람들로부터 받을 수 있는가?

이것이 바로 카리스마의 힘이다. 타인에게 영향력 있는 존재가 되고 싶다면 바로 카리스마가 있어야 한다. 카리스마는 중요한 동기 부여이 자 숙련될 수 있는, 그리고 숙련되어야만 하는 인생 기술이다. 이 책을 통해 독자들은 카리스마의 힘을 견고히 하는 법을 배울 수 있다.

나는 인생을 살면서 설득, 동기 부여, 영향력에 대해 배웠다. 사람들 은 매우 영향력 있는 중요한 도구나 기술이 무엇인지 묻곤 한다. 최고 의 성공을 이루기 위해 내가 배울 수 있는 한 가지는 무엇일까? 답은 간단하다. 설득과 영향력 등 모든 도구를 숙련하는 단 한 가지 기술이 있다면 그것은 바로 카리스마이다. 카리스마는 가장 빠른 보답을 주며 우리의 성과와 소득을 극적으로 증가시킨다.

중요한 성공 기술인 카리스마는 인생의 모든 면에 작용한다. 경력, 관계, 영향을 미치는 능력, 소득…… 이 모든 것은 카리스마를 발휘하 는 능력과 관련이 있다. 똑같은 교육, 똑같은 관계, 똑같은 IQ, 똑같은 경험을 가진 두 사람이라 하더라도 왜 인생에서 아주 다른 결과를 보 일까? 한 사람이 간신히 목적을 충족하려고 노력하는 동안 다른 사람 은 엄청난 성공을 즐긴다. 어떤 사람들은 이에 대해 단순히 운이라고 한다. 하지만 그가 카리스마를 지니고 있다면 성공은 당연한 결과이다. 당신은 그들이 원하고 좋아하는 것을 기꺼이 하도록 격려한다. 그리고 그들이 친구들에게 무언가를 해내고야 말겠다고 당당히 말할 때 그가 이룰 수 있는 성공을 그려 보라.

카리스마는 상대가 당신을 믿고 당신으로부터 영향받기를 원하도록 당신에게 권한이 부여된 능력이다. 당신은 그들을 사로잡아 동기부여를 한다. 미래에 그들 스스로 당신의 비전을 수행하는 것을 바라볼 수 있도록 돕는다. 그들은 당신의 열정, 열의에 감동받고 에너지를 얻는다. 당신의 카리스마는 그들을 매료시키고 이끌며, 그들은 낙관과 기대에 고취된다. 본질적으로 당신은 권한 부여, 독려, 고취의 원천이 된다.

다양한 카리스마의 기술을 숙련함으로써 당신은 영향력과 성공의 길로 나아간다. 성공을 이루는 데 왜 그토록 오랜 시간이 걸리는지, 또한 그들이 성공하기 위한 그리고 자신의 꿈을 이루기 위한 기본적인 기술을 왜 습득하지 못했는지를 알게 된다. 그래서 카리스마는 당신에게 더 효율적이고 효과적이다. 상대가 당신 그리고 당신의 영향력의 시도에 전혀 반응하지 않는다면 당신은 실패한 것이다. 이럴 때 그들의 실패라고 말하고 싶을 것이다. 하지만 상대가 영향을 받지 않거나, 동기 부여를 받지 않거나, 당신의 도움을 원치 않는 것 또한 당신 탓이다.

위대한 영향력이 있는 사람들이 모두 카리스마를 지니고 있다고 말할 수는 없다. 한 연구에서 행사 참가자들에게 설득력을 가진 사람의 가장 큰 특징을(59개 중) 평가해 달라고 요청했다.[1] 그 결과, 첫 번째 특징은 바로 카리스마였다. 이는 카리스마가 있는 사람들의 모든 것을 생각해 볼 필요가 있음을 의미한다. 그들은 어떤 우월적 존재감으로 다른 사람들에게 매력적으로 보인다. 그들은 무언가를 사로잡고 고취한다. 그들은 우리의 주목을 요구하면서 그 사람의 입에서 나오는 한마디 한마디를 간직하도록 이끈다. 그 존재감이 우리를 재촉하고 동기 부여를 하며 고취한다. 그들을 만났다는 것만으로도 기분이 좋고 충분한 영향력을 받는다.

그렇지만 문제가 있다. 바로 카리스마가 있는 사람들을 영화배우, CEO, 정치인, 종교 지도자라고 여긴다는 것이다. 그 사람들은 카리스마와 영향력이라는 도구만을 가지고 있을 뿐이다. 나는 상대에게 영향력을 끼치고 설득할 수 있도록 당신이 활용 가능한 모든 도구를 드러내기를 바란다. 카리스마를 마술이라고 하는 사람도 있고 운이라고 하는 사람도 있지만, 이러한 기술을 숙련하면 더 많은 성공을 이룰 수 있다. 사실 성공이 왜 그렇게 오래 걸리며, 또 한편으로 왜 그렇게 쉬운 것처럼 보이는지 궁금하기도 할 것이다.

카리스마는 타인들이 당신을 좋아할 수 있도록 힘을 준다. 그들이 당신에 대해 그리 많은 것을 알고 있지도 않고 당신에 대한 믿음을 키

---

1) R. G. Lord, R. J. Foti, and C. L. De Vader, "A Test of Leadership Categorization Theory: Internal Structure, Information Processing, and Leadership Perception," *Organizational Behavior and Human Performance*, Vol. 34 (1984), pp. 343-378.

울 충분한 시간이 없었음에도 카리스마는 당신에게 충성을 맹세하는 청중이 몰입하게 만든다. 그리고 이는 즉각적인 지지를 이끌어 낸다. 그렇다면 카리스마는 타고나는 것인가, 아니면 습득되는 것인가? 카리스마는 자연적인가, 아니면 길러지는 것인가? 이 두 가지 의문에 대한 답은 모두 "그렇다"이다.

어떤 속성은 내재된 것이고, 어떤 특성은 학습된 것이며, 또 다른 능력은 습득된 것이다. 카리스마는 비록 노력을 필요로 하지만 배우고 숙련할 수 있다. 그렇다면 또 다른 의문이 생긴다. 만약 이 기술이 매우 중요하고 가치가 있으며 성공을 위해 필요하다면 왜 카리스마를 학교에서 가르치지 않을까? 이에 대해서는 답하기가 좀 어렵다. 하지만 카리스마라는 중요한 기술을 숙련하기 위한 답은 해 줄수 있다.

사람들은 오늘날 이전보다 덜 신뢰하고, 회의적이며, 더 냉소적이다. 공동체에 대한 충성심은 과거의 것일 뿐이다. 대기업, 정부, 사회에 대한 믿음이 사라져 버렸다. 모든 것이 과거보다 혼란스럽고, 영향력을 끼치기가 더 어려워졌다. 그래서 카리스마는 점점 더 중요한 설득 기술이 되었다. 또 다른 문제는 일부 사람들이 스스로 카리스마를 가지고 있다고 착각한다는 것이다. 타인이 당신으로 인해 무언가를 할 수 있을지라도 당신이 충분히 영향력을 행사하고 카리스마가 있다고 말하기는 어렵다. 예를 들어 당신이 매니저라면 그들은 당신이 요구하는 것을 한다. (하고 싶은 척을 할지라도) 단지 그들은 해야 한다고 느끼기 때문이다. 그러나 그 결과는 단기적일 뿐이다. 만약 카리스마가 있다면 사람들은 당신에게 몰두할 것이고, 당신을 위해 기꺼이 일하고 도와줄 사람을 채용할 것이다. 한마디로 당신은 진정으로 영향력을 끼치는 사람인 것이다.

카리스마의 정의

'카리스마'라는 말을 들을 때 무엇을 떠올려야 할지 조금 난감해질 수 있다. 정확히 카리스마란 무엇인가? 카리스마는 정말 신비로운 속성이다. 단순히 자기주장이나 열정이 아니다. 또한 그런 특성들이 어느 정도는 카리스마라는 패키지의 한 부분처럼 보일지라도 사교적인 사람이나 그런 성격을 말하는 것도 아니다. 카리스마적인 사람을 만났거나 본 적이 있다면 알 수 있다. 그들은 눈에 잘 띄며 군중 가운데 카리스마를 발산한다. 때때로 상대가 정말로 카리스마가 있는지 확인하기는 어렵지만 힘을 통해 감동받고 느낄 때 알아챌 수 있다. 눈에 띄지 않는 카리스마의 속성을 가지고 있다면 마치 그 사람과 관련된 명예로움과 특권을 가진 것처럼 느끼게 된다. 카리스마는 단순히 매력, 몰두, 호감이나 열정이 아니다. 그것은 신뢰와 라포를 유지하면서 청중을 압도하지 않는, 그들을 편하게 만드는 자신감이다.

'카리스마charisma'라는 말은 그리스 여신 카리스charis에서 비롯되었다. 카리스는 미와 자비로움이 완전히 하나 된 것이 특징이다. 사람들은 어떻게 카리스마를 정의 내릴까?

보기 드문 개인적인 속성은 열렬한 대중으로 하여금 몰두와 열의를 불러일
으키는 지도자에게 귀속시킨다.   – American Heritage Dictionary

카리스마는 타인과 신체적으로, 정서적으로, 상호 관계를 맺으면서 긍정적
으로 영향을 끼치는 능력이다.   – Tony Alessandra 박사[2]

카리스마는 마음의 영역에서 나오는 에너지이다. 화자speaker가 전혀 감흥이
없다면 전달할 것도 없다. 카리스마는 화자의 감정이 청자listener에게 가장
순수한 형태로 전달될 때 나타난다. 카리스마는 희석된 감정이 아니다. 가
장된 것도 아니다. 그것은 생생한 감정이다. 카리스마는 우리의 순수한 에
너지, 순수한 열정의 전달이다.   – Gerry Spence[3]

카리스마에 대한 나의 정의는 이렇다. 라포를 쉽게 형성하여 당신
의 사고방식을 통해 타인에게 효과적으로 영향력을 미치며, 그들이
더 성취할 수 있도록 고취하는 것이다. 그리고 그 과정 속에서 인생
을 위한 멋진 동맹을 맺는 것이다. 다시 말해 카리스마는 당신이 타
인에게 바라는 것을 타인 스스로 행동에 옮기도록 하는 능력이다.
사실 그들은 자신의 대의를 도울 누군가와 함께하는 데 감동을 받

2) Tony Alessandra, *Charisma: Seven Keys to Developing the Magnetism That Leads to Success*
   (Business Plus, 2000).
3) Gerry Spence, *How to Argue and Win Every Time* (Pan Books, 1997).

는다.

카리스마는 좋은 것일까, 나쁜 것일까? 중력은 좋은 것일까, 나쁜 것일까? 중력처럼 카리스마는 중립적이다. 중요한 것은 좋거나 나쁘거나로 정의하는 그 힘을 당신이 어떻게 사용하는가의 차원이다. 사람들은 아돌프 히틀러Adolf Hitler, 찰스 맨슨Charles Manson, 베니토 무솔리니Benito Mussolini가 카리스마가 있다고 말하곤 한다. 이들은 몇 개의 카리스마적인 특징을 지니고 있다. 주목해야 할 것은 카리스마의 몇 가지 기술을 가지고 있으면서 비윤리적인 방식으로 사용한 사람들이 있다는 사실이다. 역사나 우리의 삶 속에서 카리스마를 위대한 방식으로 사용했던 많은 인물을 찾아볼 수 있다. 그렇다면 전자와 후자의 차이는 무엇일까? 그것은 윤리적인가 하는 점이다.

다음은 카리스마 힘의 윤리적 사용과 비윤리적 사용의 차이이다.

윤리적	비윤리적
타인을 섬긴다.	타인을 이용한다.
윈윈win-win을 만든다.	이기적인 욕심에 이용한다.
도덕성이 높다	도덕성이 낮다.
사람들에게 권한을 부여한다.	사람들을 강제한다.
의사소통이 개방적이다.	의사소통이 폐쇄적이다.
마음을 따른다.	돈. 권력, 탐욕을 따른다.
비전과 목적을 설정한다.	주어진 길을 따라간다.
타인이 성장하도록 돕는다.	은행 계좌 혹은 자아가 커진다.
타인의 이익을 위해서 일한다.	자신의 이익을 위해서 일한다.
사회를 돕는다.	자신을 위한다.

나는 이 책을 집필하기 위해 연구하면서 광범위한 인터뷰를 수행했다. 존재만으로도 단숨에 사로잡고 항상 잠재력을 일깨워 주어 영향력을 받고 싶으며 주변 사람들이 항상 함께하기를 원하는 어떤 한 사람을 떠올려 보고 설명해 달라고 요청했다. '카리스마'라는 단어는 이 기술을 설명하기에 가장 적합하다.

이 책의 사용법

이 책은 카리스마의 힘에 대해 적극적으로 알아보고 내재화시키기 위한 것이다. 카리스마에 대한 연구는 우리가 특정 기술, 특징, 속성을 배우고 숙련해야 한다는 사실을 보여 준다. 나는 30가지 기술을 각 장에서 설명할 것이다. 이러한 기술을 숙련할수록 당신은 더욱 카리스마를 지닌 영향력 있는 사람이 될 것이다.

나는 독자가 처음 이 책을 펼쳤을 때 처음부터 끝까지 읽어 보기를 권한다. 카리스마의 각 특성과 특징을 읽고 난 후 각 장의 끝 부분에서 스스로 점수를 매겨 보기 바란다. 그리고 그 점수를 이 책 끝의 점수란에 기입하라. 각 장을 다시 읽을 때는 자신의 가장 큰 약점과 장점까지 기입하라. 하루에 한 장씩 읽고 각 장 끝 부분의 카리스마 비결에 명시된 과제와 그 기법을 적용해 보기 바란다.

이 책은 카리스마의 기술과 지식을 숙련하는 데 도움이 되리라고 확신한다. 각 장은 카리스마를 숙련하는 데 필요한 30개의 중요한 기술 또는 특성 중 하나를 다루며 아래의 사항을 포함한다.

- 인용 이야기 : 이 기술과 특성에 대해 언급된 것은 무엇인가?
- 핵심 기술/특성 : 이 기술과 특성을 숙련하는 데 어떤 핵심 정보가 필요한가?
- 맹점 : 우리가 자주 저지르는 주요한 과실이나 실수는 무엇인가?
- 적용 : 어떻게 원리를 적용하고 활용할 수 있는가?
- 사례 : 오늘날의 사례나 역사적인 사례는 무엇인가?
- 카리스마 비결 : 우리가 할 수 있는 그리고 지금 당장 적용할 수 있는 것은 무엇인가?

자기 지각 편견 : 가장 큰 맹점

카리스마에 이르는 데 가로막는 장애물은 무엇인가? 진정한 성공을 이루는 데 왜 그렇게 오래 걸리며, 영향력 있는 사람이 되기 어려운 것인가? 우리 모두는 더 큰 성공을 위한 발을 내딛을 때, 이를 방해하는 자신만의 맹점을 지니고 있다고 여긴다. 나는 이러한 맹점을 *자기 지각 편견*이라 부른다. 이는 자신이 지닌 기술과 특성을 실제보다 더 높이 평가하는 경향에서 비롯된다. 그러나 향상하고 성장하고 더 나아가기 위해서는 자신만의 맹점을 알고 그것을 확인해야 한다. 만약 자신의 맹점이 무엇인지 제대로 알지 못한다면 결코 우리 자신을 향상할 수 없다. 자신의 현재 기술 수준에 대해 스스로에게 정직해야만 한다. 나는 이 책을 통해 자기 지각 편견을 확인하기 위한 안내를 할 것이다.

　자기 지각 편견이 인생에 부정적인 영향을 미치는 이유는 우리가 스스로에게 거짓말을 하는 경향이 있기 때문이다. 이것이 핵심이다. 우리는 진실하지 못하고 자기 자신을 속인다. 자기 부인은 자신의 자긍심을 보호하기 위해 약점을 가릴 수 있는 행복한 곳처럼 여긴다. 우리는 현실 혹은 솔직한 평가가 동반되지 않는 기대를 설정한다. 그것은 잠시나마 세상을 낙관적으로 보기에 좋을 것 같다. 하지만 그 끝은 우리를 실패로 내몬다. 자기 지각 편견은 자신이 가지고 있기를 기대하는 기술이나 재능을 평가할 때 혹은 타인이 특정한 기술을 가지기를 기대할 때 드러난다. 사회의 압박이나 확인이 수반될 때 우리는 자신에 대해 예상보다 더 높게 평가한다. 자기 지각 편견은 궁극적으로 우리에게 비현실적인 관점과 안도라는 거짓을 제공한다. 그래서 현실감각이 없고 우리가 어디에 있는지 그리고 우리를 향상하기 위해 필요한 것이 무엇인지 정확하게 보지 못한다.

　우리는 타인을 판단하는 데 그리고 타인의 잘못을 지적하는 데에는 익숙하다. 하지만 자기 자신에게는 똑같은 종류의 분석을 잘 적용하지 못하는 것 같다. 우리의 기술도 마찬가지이다. 우리는 어떤 것들을 실제보다 더 낮게 보이도록 하기 위해 우리의 맹점을 대충 숨겨야만 되는 것처럼 느낀다. 자기 자신―강점과 맹점―에게 솔직하게 접근하는 능력을 가져야 한다. 그런 다음 자신의 결함을 개선할 수 있는 훈련을 찾아야 한다.

이를 위해 자신은 약점을 발견하고 자신의 실제 성격에 정직해야 한다. 성공, 영향력, 그리고 카리스마를 높이기 위해 어떤 기술을 숙련하고 무엇을 작동시킬 필요가 있는지를 정확히 이해할 필요가 있다. 만약 당신이 판매직에 종사 중인데 사람들 혹은 제품의 지식과 관련된 능력을 스스로 평가해 보라는 요청을 받는다면 90%가 자신에게 평균 이상의 점수를 부여할 것이다. 실제로는 그 주장의 50% 정도가 유효하지만 말이다.[4] 수년간 만났던 사람들 중 이런 어리석은 판매자를 본 적이 있을 것이다. 그들 가운데 90%는 자신에 대해 평균보다 더 좋게 평가했다. 80%의 사람들은 평균적인 동료들보다 자신이 더 똑똑하고 더 나은 추진력을 지니고 있으며 더 능력 있는 기업가라고 생각하고 있다.[5] 한 연구는 대부분의 사람들이 다음과 같은 영역에서 자신이 보통 사람들보다 더 능숙하다고 여긴다는 사실을 발견했다.[6]

운동경기, 지능, 조직, 윤리, 논리, 오락, 공정[7]

4) Kurt W. Mortensen, *Persuasion IQ: THE 10 Skills You Need to Get Exactly What You Want* (New York: AMACOM, 2008).
5) Isabelle Brocas and Juan D. Carrillo, "Are We All Better Drivers Than Average? Self-Perception and Biased Behaviour," CEPR Discussion Paper No. 3603 (October 2002).
6) T. Gilovich, *How We Know What Isn't So: The Fallibility of Human Reason in Everyday Life* (New York: Free Press, 1991); S. E. Taylor and J. D. Brown, "Illusion and Well-being: A Social Psychological Perspective on Mental Health," *Psychological Bulletin*, 103 (1988), pp. 193–220.
7) D. G. Myers, *Social Psychology* (New York: McGraw Hill, 1987), pp. 444–445.

해결책

해결책은 진정한 자기 평가이다. 학생들에게 영향력 혹은 자기 숙련을 주제로 강의할 때, 성공하는 데 부족한 열 가지 이유를 제시하라고 요청했다. 학생들은 많은 이유를 찾아냈다. 결론은 자신이 목표를 이루지 못하는 원인은 무능력이 아니라 자신의 약점을 알지 못하고 그것을 인정하지 않는 데 있었다.

- 카리스마를 향상하기 위해 숙련해야 할 기술과 특성은 무엇인가?
- 나는 무엇을 계속해 나가야 하며, 내가 계속 실패하는 이유는 무엇인가?
- 나의 실패를 성공으로 바꾸고자 할 때 놓치는 기술은 무엇인가?
- 다음 단계의 소득, 직업을 얻는 데 필요한 특성은 무엇인가?

카리스마 숙련에 관한 각각의 범주를 읽을 때 당신에게 묻는 것에 대한 답을 솔직하게 해야 한다. 우리 모두는 저마다 다른 강점과 약점을 가지고 있다는 것을 기억하라. 각 장은 각 특성에 대한 공통의 약점 및 누구나 쉽게 따라 해 볼 수 있는 해결책을 설명하고 있다. 자신에게 솔직하게 접근하거나 당신이 신뢰하는 사람이 피드백을 제공할 수 있게 하라. 카리스마가 있는 사람은 자신을 긍정적이고 예리하게 바라보며 좋건 나쁘건 그 사실과 직면한다. 당신이 이것을 해낼 수 있

을 때 진정한 발전을 이룰 수 있다. 만약 이 모든 것이 잘되지 않는다면 www.lawsofcharisma.com에서 자신의 카리스마를 평가해 보라(정직하게 할 수 있다면 말이다).

추가적인 카리스마 정보와 오디오(lawsofcharisma.com)

- 관련 기사
- 관련 오디오 : '설득을 방해하는 것—열 가지 공통의 장애물'
- 활동지

The Laws Of CHARISMA

Part 1

존재
당신은 무엇을 발산하는가

카리스마는 모방할 수 없는 재능이다.

칠면조와 공작 이야기

어느 날 칠면조는 자신의 무리를 떠나 공작이 사는 곳으로 알려진 큰 목초지로 향했다. 칠면조는 이곳저곳 돌아다녔지만 공작을 볼 수가 없었다. 공작을 찾기 위해 배회하다 칠면조는 아름답고 부드러운 깃털을 발견했다. 그 순간 칠면조는 공작의 모습이 되기를 바랐다. 칠면조는 공작의 깃털을 자기 꼬리털에다 묶고 목초지 주변을 거닐었다. 칠면조는 공작이 자신을 구별해 낼 수 있는지 시험해 보기 위해 공작들 앞을 뽐내며 걸어갔다. 공작들에게 가까이 다가가자 그들은 칠면조라는 것을 알아차리고는 머리를 마구 쪼기 시작했다. 칠면조의 가짜 깃털은 뽑혀 버렸다. 칠면조는 멀리서 지켜보고 있던 친구들 곁으로 줄행랑을 쳤다. 그러나 친구들은 칠면조의 모습을 보고 무척 화가 나서 머리를 쪼아 내쫓아 버렸다.

의미

당신의 존재를 스스로 속이려는 것은 당신 자신이 누군지를 조작하는 것과 같다. 당신이 열정 혹은 자신감을 속일 때 속임을 당하는 사람은 아무도 없다. 사람들은 당신의 외모나 존재, 태도를 보고 평가할 것이다. 혹시 당신은 자신이 아닌 다른 내가 되려고 노력하고 있지는 않은가? 사람들은 가짜 존재임을 금방 알아차린다. 속사람과 겉사람이 진정으로 동일한 존재만이 강력하다. 존재만도 즉각적인 카리스마를 계발하는 비결이 된다.

이끌어 가는 존재의 기술/특성

• 열정   • 자신감   • 일치   • 낙관주의   • 긍정의 영향력
• 에너지와 균형   • 유머와 행복

열정
순수 에너지의 전환

열정을 가진 한 사람은 흥미를 지닌 40명보다 더 낫다.
― E. M. Forster

열정적인 데다 카리스마까지 보여 주는 사람들은 상대방을 사로잡을 수 있다. 자신이 어디로 나아가야 할지 아는 사람들은 카리스마가 있다. 그러므로 주변에 카리스마를 지닌 사람들이 있으면 당신은 그들을 만날 수 있을 뿐 아니라 그들과 함께 할 수 있는 것도 알 수 있게 된다. 사람들은 항상 카리스마가 있는 사람들에게 이끌리게 마련이다. 왜냐하면 그들은 내심 어떠한 것에 푹 빠져 보기를 원하기 때문이다. 사람들이 당신의 눈 속에 있는 열정을 볼 때 당신은 더 카리스마가 생긴다. 그들은 당신이 그들을 도울 수 있고 그들의 인생을 향상할 수 있다는 것을 느낀다.

그러나 이것만으로 모든 사람들이 당신을 좋아할 것이라고 보장하지는 못한다. 그럼에도 불구하고 사람들은 당신의 신념과 열정에 대해 존경할 것이다.

열정은 상대방에게 영향을 주고 카리스마를 전달한다는 점에서 중요하다. 카리스마를 지닌 사람은 진심 어린 열정을 발산한다. 당신의 큰 뜻에 대한 신실한 신념과 열정을 감지하게 될 때 그들은 감정적으로 하나가 된다. 우리는 자신의 관심거리에 대한 충만한 열정으로 가득 차고 신이 난 사람을 좋아한다. 당신은 무언가에 열정을 가지고 있을 때 모든 사람들이 그 사실을 알았으면 한다. 가능한 한 많은 사람들이 당신에게 주의를 집중하기를 바란다. 누군가 동의하지 않을 때에도 당신은 평정과 신념을 유지하면서 그들의 의견과 피드백, 관점에 귀 기울일 수 있다.

열정은 매우 강한 전염성이 있다. 열정을 전달할 때 당신 주변의 사람들은 당신의 에너지를 흡수하기 시작한다. 그로 인해 그들은 일을 더 잘 수행한다. 일을 하는 것이 업무같이 느껴지지 않는다. 그들은 더 주도적이고 팀으로서 기꺼이 일하며 낙관적이 된다. 열정을 사용할 때 당신은 더 확고해진다. 그 확고함이 당신의 지속성을 더욱 강화한다.

경고의 말 : 당신이 열정을 가지고 있을 때 성공하는 데 필요한 기술을 배우기 위해 너무 앞장서서 나서지 말라. 열정은 카리스마라는 파이pie의 중요한 한 부분이다. 그러나 당신은 강력하고 장기간의 카리

스마를 발산하기 위해 파이의 다른 부분을 필요로 한다.

열정은 항상 열의를 포함한다. 그러나 열정 없이도 열의적일 수 있다. 열의는 강한 흥분이거나 큰 뜻을 대신하는 감정이다. 열의가 넘치는 카리스마 있는 사람을 본 적이 있을 것이다. 열의는 그들의 얼굴과 행동에서 드러난다. 그들은 뚜렷이 동기 부여가 되어 있다. 그리고 그것은 호기심이란 불꽃을 만든다. 열의는 걱정과 두려움을 덜어 줄 뿐만 아니라 당신과 듣는 사람 사이에서 자신감과 동정심, 동기화를 만든다.

⊙•• 맹점

사람들은 대부분 진정한 열정을 이용하는 데 어려움을 겪는다. 많은 사람들은 광고, 과도한 카페인이나 흥분을 열정으로 혼동한다. 열정은 애완견같이 정신없이 돌아다니고 뛰어오르는 것이 아니다. 진정한 열정은 자연스럽게 발산되는 것이기에 강요할 필요가 없다. 강요를 느끼거나 당신의 모습에서 비현실적인 광고 같은 것을 느낀다면 사람들은 뒤돌아설 것이다. 당신은 가짜라고 여겨질 것이고, 그러한 인식은 영향력에 대한 당신의 능력을 감소시킬 것이다. 당신의 진정한 열정을 이용하라. 그러면 상대방에게도 영향을 미치게 될 것이다. 흥분해서 내뿜는 열정은 의미가 없다. 거짓된 열의나 광고가 아니라 진정으로 열정을 발산하고 있는지 확인하라.

카리스마를 가진 사람은 관심거리에 관한 통찰력과 지식을 얻음으로써 열의를 키운다. 그들은 자신이 할 수 있다는 확신과 진정한 신념을 발전시킨다. 자기 자신과 그 메시지를 믿고 모든 것에 열의를 발산하라. 그 이면의 거짓된 열의, 비현실적인 광고, 거짓된 에너지는 카리스마를 해친다는 것을 알아야 한다. 다음과 같이 함으로써 카리스마를 향상할 수 있다.

- 항상 신용을 유지한다.
- 모든 상호작용을 신실하게 한다.
- 항상 사람들과 연결되어 있다.
- 항상 진정성을 보인다.
- 지속적인 자신감을 유지한다.

사례

열정의 훌륭한 사례는 존 우든John Wooden이 보여 주었다. 그 주변의 모든 사람들, 특히 선수들은 그의 열정을 느끼고 영향을 받았다. 존은 UCLA 황금기의 농구 코치였다. 그는 경험이 부족하지만 재능 있는 선수를 발굴했고, 그들이 열심히 연습하도록 격려했다. 그리고 열정, 열의, 영감을 제공했다. 그의 팀은 스물일곱 시즌에서 665게임을 이겼고, 지난 열두 시즌 동안 열 번 NCAA 타이틀을 얻었다. 그의 팀은 88게임 연승 기록을 세웠으며, 놀랍도록 완벽한 네 시즌 우승 기록을 갖고 있다. 그는 한 해에 35,000달러 이상을 벌지는 못했지만 팬과 선수를 향한 그의 열정과 영향력은 일생 동안 지속될 것이다. 존은 자신의 일을 사랑했고 열정이야말로 성공의 중요한 요소임을 증명했다.

카리스마 비결 ▶

　자신의 열정을 찾아라. 열정을 사용하는 것은 조각을 하는 것과 같다. 때때로 조각을 할 때 원치 않는 것들을 발견함으로써 오히려 더 원하는 조각품에 가까워지도록 이끄는 열정을 불러일으키기도 한다. 각기 다른 업무와 주제로 실험을 시작하라. 그러면 자연스레 타인을 알게 된다. 한입 먹어 보지 않고서는 자신이 어떤 음식을 좋아하는지 알 수 없다. 더 읽어 보고, 더 많은 모임에 참여하고, 자신의 열정에 맞는지 아닌지, 더 나아가 모르는 영역까지 개인의 발전에 좀 더 시간을 들여라. 무엇에 열정이 있는지 모른다면 다른 어떤 것에도 열정적이지 못할 것이다. 사실 한 주제를 두고 자신을 훈련하는 것은 열정을 키우는 좋은 방법이다.

　나는 당신이 오늘 하루에 대해 생각해 보기를 바란다. 자신이 하고 있는 일에 대해 이런 질문을 던져 보는 것은 어떨까? 당신은 즐겁게 노래를 부르고 있고, 그것을 정말로 느끼고 있는가? 아니면 당신은 그 노랫말을 부르고만 있는가? 감정을 경험하고 있는가?

자신의 열정에 점수를 매겨 보자.
점수를 275쪽에 적는다.

0	1	2	3	4	5	6	7	8	9	10
매우 약함		약함			보통			강함		완벽함

자신감
확신은 전염성이 있다

검손하지만 합리적인 자신감 없이는 성공할 수도 행복할 수도 없다.
— Norman Vincent Peale

자신감은 카리스마를 키워 주고 사람을 끌어당기게 한다. 사람들은 자기 자신과 자신의 능력에 대해 자신감이 넘치는 사람을 좋아하며, 영향을 받고 따르기를 원한다. 당신이 만나는 사람들은 대부분 자신감의 결여로 고통받고 있지만 당신의 높은 자신감은 그들의 부족한 부분을 보충해 줄 것이다. 자신감은 신뢰를 낳는다. 당신의 영역, 업무 분야, 그리고 자기 삶에서 자신감을 보여 주는 것은 사람들의 자신감도 키울 수 있게 한다. 우리가 존경하는 대부분의 사람들은 그들 자신이 무엇을 원하는지 알고 있으며, 그것을 얻기 위한 자신감을 가지고 있다.

훌륭한 자신감과 권위라는 것으로부터 의사소통을 배워야만 한다. 자신감의 인식은 카리스마를 유지하는 데 중요하다. 진정한 자신감이 높을수록 발산하는 카리스마가 더 많다. 목소리 톤, 몸짓언어, 다른 무의식적인 계기를 통해 사람들은 당신의 자신감을 읽게 된다.

진정한 자신감은 마음의 상태이다. 인생을 살면서, 일하면서 때때로 자신감이 낮아질 수 있지만 다시 회복할 필요가 있다. 카리스마를 지닌 사람들은 패배, 후퇴, 예상치 못한 결과와 마주칠지라도 모든 상황에서 자신감을 유지할 수 있다. 물론 우리는 때때로 불충분하거나 열등하다고 느끼는 경향이 있다. 스스로 신념을 잃거나 실패를 맛볼 때, 단순히 늘어난 의심으로 인한 두려움 때문에 자신감을 잃게 된다. 모든 걱정거리, 문제, 염려, 불안은 궁극적으로 하나의 형태 혹은 또 다른 형태의 두려움으로 나타날 수 있다.

두려움은 의심을 낳고 의심은 자신감을 해친다. 당신의 자신감이 의심보다 더 큰지 확인해 볼 필요가 있다. 듣는 사람은 당신 안에 있는 무엇을 감지하는가? 자신감과 카리스마를 훈련하는 것이 두려운가? 교만하지 않기 위해 어느 정도 두려움을 극복하고자 하는 욕구가 두려움 그 자체보다 더 커질 필요가 있다. 두려움을 가지는 것은 좋지만 그 두려움을 다루고 조종할 수 있어야 한다. 자신의 능력을 의심할 때 상대방도 당신과 당신의 카리스마를 의심할 것이다.

자신감을 해칠 수 있는 또 다른 요소는 다음과 같다.

- 부정적인 생각
- 목적에 관한 우유부단함
- 걱정

자신감이 부족한 사람들은 때로 상대방에게 효과적으로 영향력을 미치려 하고 카리스마를 만들어 내려고 한다. 당신은 자신감을 가질 때에도 두려움, 긴장감, 혹은 불안을 느낄 수 있다. 자신감은 이러한 감정을 통제하는 능력이다. 만약 자기 자신, 자신이 만들어 낸 여러 가지 결과물, 자신의 생각에 대해 자신감이 부족하다고 느낀다면 상대방 또한 그렇게 느낄 것이다. 모든 만남에서 빨리 자신감을 느끼지 못한다고 너무 두려워 말라. 자신감은 시간과 함께 다가온다. 완전한 자신감은 경험, 연습, 인내를 필요로 한다.

과한 자신감이 오히려 카리스마 능력을 해치지는 않을까? 물론이다! 잘난 체하거나 오만함과 마주해서는 안 된다. 그렇다면 어떻게 자신감과 건방짐을 구별할 수 있을까? 그것은 당신의 의도에 따라 다르다. 자신감은 타인을 돕는 신실한 욕구에 의해 동기 부여가 된다. 진정한 자신감은 도구, 자원, 기대되는 업무를 해낼 수 있는 능력이 있음을 아는 것으로부터 나온다. 반면에 건방짐은 상대를 돕기보다는 자기 자신을 더 챙기려고 하는 필요에 의해 나온다. 건방짐은 내면의 불안이 과장된 것으로 자신감과 정반대이다.

오만한 사람은 잘못된 생각과 방식으로 승인과 인정을 추구한다. 오만은 자기중심적으로 만들지만 자신감은 사람중심적으로 만든다. 오만이 자기 자신에 관한 것이라면 자신감은 타인에 관한 것이다. 당신이 올바른 것을 말하는지 행동하는지는 중요하지 않다. 만약 자신감이 부족하다면 큰 뜻을 잃게 된다. 사람들이 당신을 좋아할지라도 자신감이 부족하다면 카리스마로 영향력을 발휘하는 데 역부족을 느끼게 될 것이다.

◑•• 맹점

맹점을 어떻게 이해하는지와 어떻게 인식하는지는 완전히 다른 측면이다. 상대방은 정말로 당신을 어떻게 인식하는가? 그들의 생각에 촛점을 맞추는가 아니면 당신 생각에 집착하는가? 당신은 자신감이 있고, 자신감을 느끼고, 자신감이 있다는 인상을 준다고 생각하지만 오히려 오만하거나 건방지거나 잘난 체한다고 인식될 수 있다. '자신감이 있다'와 '오만하다'라는 인상 사이에는 미묘한 경계가 있다. 그것이 바로 맹점이다. 당신이 영향력을 끼치려고 하는 사람들에게 신뢰가 부족하고 두려움을 주는 것은 바로 자신감의 부족에서 비롯된 것이다. 결과적으로 자신감도 없고 카리스마도 없게 된다.

적용

　지나치게 자신감이 있거나 오만하다는 함정을 피할 수 있도록 도와
줄 몇 가지 추가적인 방법이 있다.

- 항상 열린 마음으로 피드백 혹은 비난까지도 받아들인다.
- 말하기보다는 듣는 데 더 많은 시간을 할애한다.
- 자신이 틀렸다는 것을 인정한다.
- 항상 자신이 옳다는 것을 입증하려는 시도를 하지 않는다.
- 질문이 걱정된다면 되물어서 진의를 확인한다.
- 왜 당신이 믿을 만한가를 상대가 설명하게 만든다.

사례

　자신감이라는 단어를 들으면 스포츠계의 조 네이머스Joe Namath라는
이름이 떠오를 것이다. 뉴욕 제츠가 미국 풋볼리그AFL의 일원이었을
때 그는 뉴욕 제츠에서 활약했다. 그들은 강력한 상대인 볼티모어 콜
츠를 격파하고 슈퍼볼 3관왕을 거머쥐었다. 그 당시에는 어느 누구도
AFL 팀이 NFL 팀과 겨룰 수 있으리라고 생각하지 못했다. 이전에 두
번의 슈퍼볼은 AFL을 상대로 한 NFL의 완전한 승리였기 때문이다.

뉴욕 제츠는 17점 뒤처져 있었다. 조는 엄청난 자신감과 위세를 보여 기자회견에서 야유를 받았다. 그가 "우리는 볼티모어 콜츠를 이길 겁니다."라고 단언했기 때문이다. 결과적으로 그의 자신감 덕분에 뉴욕 제츠는 슈퍼볼에서 16 대 7로 이길 수 있었다. 그는 MVP가 되었고 계속 승리의 역사를 써 내려가고 있다.

카리스마 비결 ▶

자신감의 인식에 상처를 입힐 수 있는 한 가지는 당혹감이다. 상대방이 당신을 어떻게 생각할지, 그리고 공개적으로 실패를 맛보는 것이나 사회적 규칙을 깰까 봐 걱정하는 것이 바로 당혹감이다. 당혹감을 다루는 최고의 방법은 대부분의 사람들이 당혹감에 대해 긴장도가 낮다는 것을 알고 대하는 것이다.

당혹감을 부인하는 사람들보다 당혹감을 그대로 인정하는 사람들을 더 선호하는 경향이 있다는 연구 결과가 말해 주듯 당혹감은 인간의 자연스러운 감정이다. 그것을 인정하고 웃어넘겨라. 어느 누구도 완벽할 수 없다. 스스로 실수나 당혹감을 인정한다면 상대 또한 이해해 줄 것이다. 게다가 상대가 덜 당혹스러울 수 있도록 돕는다면 당신의 호감도가 상승하게 된다. 자신감을 회복할 때 당혹스러움은 극적으로 사라진다. 지금 바로 자신의 당혹감을 인정하거나 누군가가 덜 당혹감을 느낄 수 있도록 도와줘라.

자신의 자신감에 점수를 매겨 보자.
점수를 275쪽에 적는다.

0	1	2	3	4	5	6	7	8	9	10
매우 약함		약함			보통		강함			완벽함

일치

행동 vs. 의도

일부 국민을 오랜 세월 속이는 것도 가능하고 전 국민을 잠시
속이는 것도 가능하긴 하지만 전 국민을 영원히 속일 수는 없다.
— Abraham Lincoln

　말과 행동의 일치와 조화는 신뢰를 갖게 하고 카리스마를 형성하는
데 매우 중요하다. 당신의 메시지가 일관성 있고 일치를 이룰수록 정
직하고 진심이라고 인식될 것이다. 당신이 자신의 메시지를 믿지 못한
다면 상대방도 믿지 못할 것이다. 당신이 전하는 것을 실제로 보여 줄
때 그들도 따를 것이다. 일치를 보여 줄 때 당신은 더 믿음직하게 보
일 것이다. 이러한 믿음직함은 당신의 카리스마가 흔들리지 않고 상
대방을 이끄는 데 도움이 될 것이다. 일치하는 삶을 살고 있다면 군이
행동이나 메시지를 조종하거나 숨기거나 위장할 필요가 없다.

일치는 영향력이나 카리스마라는 문을 열어 준다. 그것은 당신의 믿음직함과 호감도를 상승시킨다. 메시지가 당신의 신념과 가치에 부합될 때 일치에 도달하게 된다. 그것은 당신의 목소리, 몸짓언어, 말, 목소리 톤이 모두 일치될 때 드러난다. 즉 일치는 언어적 · 비언어적인 메시지가 확실하게 맞아떨어질 때 나타난다. 일치는 당신의 주제가 매우 감정적일 때 훨씬 더 중요하다. 카리스마를 향상하기 위해서는 당신의 완전한 메시지가 일치되어야 한다. 메시지가 일치에 이르지 못한다면 당신은 믿을 만하지 못하고 의심스러우며 덜 지적이고 카리스마가 부족하다는 인상을 준다.

당신이 걸어온 삶의 여정을 돌아보라. 더 구체적으로 말해 마지막 상호작용이 일어났을 때 당신은 일치적이었는가? 비언어적인 행동이 실제 행동과 일치되었는가? 당신의 감정은 당신의 메시지와 일치되었는가?

당신의 모습이 당신의 메시지와 나란하지 않을 때, 즉 일치되지 못함으로써 불일치를 유발했을 것이다. 불일치의 감정은 대개 직감적으로 나타난다. 의심은 커질 것이고, 상대는 당신의 메시지에서 잘못된 것을 찾기 시작할 것이다. 이로 인한 불신은 당신의 카리스마가 추락하는 것을 나타낸다. 인간은 타고난 거짓말탐지기이므로 불일치는 항상 영향력이란 능력을 감소시킬 것이다. 거짓된 일치를 시도할 때 우리는 대부분의 시간과 에너지를 거짓된 메시지를 만드는 데 쓰고 그로 인해 불일치를 유발한다.

물론 속임은 분명히 잘못된 일이다. 그러나 긴장하고 불안하기 때문에 우연히 속임의 신호를 계속해서 보여 주어 단순히 불일치를 유발한다. 때때로 자신은 진실을 말하고 있으며 일치적이라고 생각할지라도 무의식적으로 불일치와 속임의 신호를 보내고 있을지도 모른다. 그러나 상대방이 항상 무엇이 그들을 믿지 못하게 하는지를 정확하게 알 수 있는 것은 아니다. 우리는 급격하게 일어나 인지할 수는 없지만 무의식적으로는 감지할 수 있는 미세한 표현을 보게 된다. 빠르게 나타나는 미세한 표현으로 얼굴 표정을 들 수 있다. 얼굴 표정은 속임이나 불안감을 지니고 있음을 드러내 준다.

감정과 반응 사이의 단절 또한 사람들의 거짓말탐지기를 작동시킨다. 예를 들어 당신이 화난 얼굴을 5초 동안 지속한 뒤 손으로 탁자를 쿵쿵 친다면 감정과 반응을 일치시키고 있는 것이 아니다. 메시지가 모든 측면과 일치되도록 주의하라.

일치는 이해하기는 쉽지만 실천하기는 매우 어렵다. 과거에 자신이 한 거짓말이나 지난번 만남에서 나눴던 말을 기억해 낼 때 정신적인 에너지를 낭비하게 된다. 당신의 인생을 속이고자 하는 시도 자체만으로도 상대방은 당신에게서 무언가 잘못되고 있다는 것을 직감한다. 진실을 말하며 일관성 있고 자신이 믿는 바를 알고 있을 때, 당신은 자연스레 일치된 카리스마를 더 발산하게 된다.

맹점

자신은 일치적이라고 느끼지만 그렇게 보이지 않을 수도 있다. 때로 자신을 속이든 아니든, 신실하든 아니든 간에 다른 사람들은 그 모습이 바로 '당신의 모습'이라는 인상을 가질지도 모른다. 약간의 거짓말, 선의의 거짓말로는 아무도 당신을 제대로 알 수 없을 것이다. 그래서 상대방은 당신의 본모습을 제대로 구별할 수 없다고 생각한다. 대부분의 경우 상대방이 당신의 메시지를 믿지 않는다고 말하지는 않는다. 이전에 속임을 조금 당했다고 하더라도 당신에게 그것을 이야기하지 않는다. 사람들은 대개 불일치를 인지해도 좀처럼 그에 대해 말하지 않는다. 그래서 당신의 모든 몸짓과 움직임은 청중을 끌어들이거나 내쫓아 버린다. 일치적 혹은 불일치적이라는 인상을 주기 때문이다. 예를 들어 사람들은 당신이 좋아하는 책을 읽고 있다. 당신의 몸짓과 메시지는 일치되는가?

 적용

모든 사람들은 당신의 비언어적인 행동을 알아차릴 수 있다. 우리는 무언가가 꽤 어색하다는 것을 직감한다. 상대방은 불일치나 당신이 보이는 속임의 어떤 형태도 알 수 있을 것이다. 현재의 많은 비언어적인 행동이 불일치를 보여 준다는 사실을 인식하라. 반대로 행동의 자연스러운 부분일지라도 속임처럼 보일 수 있다는 점도 인식하라. 다음은 속임의 느낌을 유발할 수 있는 것이다.

- 강요된 눈맞춤
- 의자를 앞으로 당기기
- 입술을 만지거나 비비기
- 얼굴 긁기
- 곁눈질
- 하품
- 목소리 높이기

사례

마하트마 간디Mahatma Gandhi는 일치적인 인물의 좋은 예이다. 그는 여러 해를 감옥에서 보냈고 조세 제도, 빈곤, 차별 등에 대항하며 시민권 확보를 위한 비폭력 운동을 이끌었다. 그의 최고 업적은 외세로부터 인도를 지켜 낸 것이다. 모든 사람들은 간디가 말했던 것, 행했던 것, 그리고 그가 느끼는 감정이 항상 일치된다는 것을 알았다.

어느 날 간디는 하원 의사당에서 영어로 연설해 달라는 부탁을 받았다. 그는 메모도 준비하지 않고 2시간에 걸쳐 이야기하며 청중을 사로잡았다. 그러한 긴 연설 후에 간디는 매우 회의적인 청중으로부터 기립박수까지 얻어 냈다. 그들은 간디가 어떻게 오랜 시간 동안 메모 한 장 없이 해냈는지 간디의 개인 비서에게 물었다. 비서는 이렇게 대답했다. "간디는 단지 자신이 생각하는 것을 그대로 느끼고 말하지요. 그것들은 단지 일치되었을 뿐입니다."

당신의 몸짓, 몸짓언어, 목소리 톤을 살펴보라. 일치되었는가? 자신의 메시지에서 불일치의 정도를 줄이기 위한 최고의 방법은 자신의 모습을 찍어서 보는 것이다. 이렇게 자신을 보면 메시지를 손상하거나 해치는, 자신이 그러리라고는 꿈에도 생각하지 못했던 부분까지 알 수 있다. 다른 사람들의 솔직한 평가를 용기 있게 받아들일 수 있을 때, 올바른 피드백을 위해 동료에게 당신의 영상을 보여 줘라. 그들은 당신에게 모든 몸짓, 말, 목소리 톤이 '일치적' 혹은 '불일치적'이라고 말할 것이다. 미루지 말고 오늘 당장 시작하라.

자신의 일치에 점수를 매겨 보자.
점수를 275쪽에 적는다.

0	1	2	3	4	5	6	7	8	9	10
매우 약함		약함			보통		강함			완벽함

낙관주의

태도 수정

비관론자는 모든 기회에서 어려움을 찾아내고,
낙관론자는 모든 어려움에서 기회를 찾아낸다.

– Winston Churchill

부유하고 성공한 기업 경영자 중 대다수는 자신의 성공 요인이 무엇보다도 낙관주의적 태도에 있다고 본다. 바르면서도 낙관적인 견해나 태도를 가지지 않고서 어떻게 사람들을 고취하고 카리스마를 전달할 것인가? 하와이로 휴가를 갔을 때 비가 오면 휴가를 망칠 수도 있지만, 더 재미있고 기억에 남는 휴가를 보낼 수도 있다. 때로 낙관주의는 모든 문제가 일시적일 뿐이라는 것을 의미할 때도 있다. 한편 비관주의는 문제가 영구적이며 출구가 없다는 것을 의미한다.

낙관주의자는 사람들을 큰 시각으로 보게 하며 그들에게 카리스마를 발산할 것이다. 연구에 의하면 낙관주의자는 학교에서 더 과제를 잘 해내고, 일도 더 잘 수행하며, 비관주의자보다 훨씬 더 오래 산다. 반대로 비관주의자는 우울함과 싸우며 더 쉽게 포기해 버리는 경향이 있다. 낙관주의는 긍정적인 정신 자세(PMA) 이상의 것이다. 또한 사람들에게 지속적으로 긍정적인 것들을 말하고 실제로 그렇게 되기를 기대하는 것 이상이다.

진정한 낙관주의는 자신이 세상을 어떻게 바라보는가를 지배하는 정신의 틀이다. 낙관주의는 진행되는 과업이 결국 잘되리라는 기대를 가지는 것을 의미한다. 낙관적이라는 것은 당신이 착수한 모든 일이 잘 달성되리라는 것과 타인이 목표를 성취하는 데 도움을 줄 수 있음을 확고히 믿는 것을 의미한다. 당신이 진정으로 낙관주의적이라면 당신의 희망과 용기를 타인에게 전달할 수 있다.

낙관주의는 모든 상황에서도 긍정적인 것을 보도록 하는 것을 의미한다. 부정적인 것에 초점을 맞추기보다는 항상 앞으로 나아갈 수 있는 방식을 찾는다. 사람들은 긍정적인 관점을 가진 사람에게 끌린다. 낙관주의자로서 당신은 세상을 정복할 수 있는 흥미로운 도전 대상으로 보게 된다. 당신은 사람들에게 전염성이 있는 긍정적인 감정을 고취하며 그들 자신과 미래를 신뢰할 수 있는 힘을 주게 될 것이다. 낙관적이라면 타인의 실패와 결함을 일시적인 현상으로 바라본다. 낙관주의자는 실패를 겪을 때 그 경험을 통해 배울 만한 것이 있고 조정이 필요한 사안이 있다는 것도 알게 된다. 반면에 비관주의자는 실패를 영구적인 약점으로 생각하고 타인을 탓한다. 낙관주의는 더 일찍 회복하는 능력이다.

태도는 낙관주의의 부분집합이자 한 개인 안에 일어나고 있는 반영이다. 사람들은 대부분 자신의 태도에 대해 생각하는 데 시간을 들이지 않는다. 그렇지만 태도는 짧은 하루 동안에도 당신에게 불리한 여러 가지 제한점을 만들어 낸다. 태도는 우리의 기대로부터 나오는 습관이다. 우리 자신과 타인들에게 기대하는 것을 말한다. 당신은 적절한 태도로 타인에게 영향력을 미칠 수 있다. 영향력을 키울 때 우리는 우리의 태도와 낙관주의 그리고 우리의 기대가 타인이 행동을 취하도록 하는 데 중요하다는 사실을 더 잘 알게 된다. 카리스마, 태도, 기대는 당신이 영향력을 미치는 사람에게 그대로 반영될 것이다.

어느 누구도 타인에게 부정적인 태도로 오랫동안 영향력을 미칠 수는 없다. 타인의 부정성을 긍정성으로 바꿀 수 있을 때 카리스마적일 수 있다. 세상을 다른 방식으로 바라보는 법을 배워야 한다. 허우적거리는 곳에서 빠져나와 해결책을 찾는 데 시간을 보내야 한다.

누군가가 도로에 범프를 친다면 낙관주의적인 사람은 멈추거나 불평하거나 그것이 공평하지 못하다고 생각하지 않고 다른 방법을 찾을 것이다. 바로 이러한 태도는 범프를 지나갈 수 있도록 하는 하나의 전략이다. 낙관적인 태도는 위험을 감수하게 하며, 항상 과업이 잘되리라는 것을 알도록 이끈다. 이는 당신이 도전에 직면할 때 회복 탄력성을 증가시킬 것이다. 당신은 자연스럽게 더 창의적이고 동기 부여가 되며 유연성을 띠게 된다. 낙관주의는 카리스마를 풍기게 한다.

맹점

우리는 꽤 낙관주의적으로 태어났다. 하지만 인생은 때로 우리를 매우 힘들게 하며 상황 및 사건은 우리에게 극복하기 어려운 문제를 자주 가져다준다. 그러면 어느새 자신도 모르게 점점 더 비관주의적이 된다. 비관주의는 시간이 지나면서 더 중독된다. 우리는 비관주의를 우리의 인생으로 끌어들인다. 우리는 이런 미세한 변화를 잘 알아차리지 못한다. 우리는 여전히 자신이 낙관적이라고 생각하기도 한다. 하지만 실제로는 어두운 면으로 돌아섰고 심지어 이를 알지도 못한다.

자신이 어떻게 인생을 바라보고 있는가를 현실적인 눈으로 직시하라. 나는 정말 낙관주의자인가? 아니면 비관주의가 내 인생으로 살금살금 기어 들어왔는가? 정말로 과업이 잘 해결될 것이라고 느끼는가? 나 자신과 타인들 대부분도 그렇게 기대하는가? 결과적으로 말해 당신은 더 낙관주의적이 될 수 있다. 비관주의는 카리스마를 내쫓는다.

적용

구체적인 방식으로 낙관주의를 향상할 수 있다. 낙관주의를 향상하기 위해 다음의 방법을 사용해 보라. 그러면 사람들에게 영향을 미칠 수 있는 능력과 카리스마를 가지게 될 것이다.

• 의도를 가지고 낙관주의를 선택한다.

• 자기 인생에 대한 책임감을 갖는다. 그리고 타인을 비난하지 않는다.

• 과거의 영광과 현재의 성공에 자긍심을 가진다.

• 긍정적인 사람과 협력한다.

• 자기 자신에게 말하는 방식을 살펴보고 긍정적으로 유지한다.

• 건강을 유지하고 운동을 한다.

• 부정적인 감정에서 긍정적인 감정으로 빠르게 전환하는 능력을 만들어 낸다.

사례

랜스 암스트롱Lance Armstrong은 내가 좋아하는 낙관주의 사례의 인물이다. 랜스는 25세 이전에 투르드프랑스[8]에서 두 차례 우승했다. 그 이후 그는 고환암으로 진단받았고 암은 그의 폐, 복부, 뇌로 퍼져 나갔다. 그는 수술을 받았으나 의사는 생존 확률이 50%라고 말했다. 그

---

8) 역자 주 : 매년 7월 3주 동안 프랑스와 인접 국가를 일주하는 사이클 대회. 장기 레이스에 난코스로 '지옥의 레이스'라고도 불린다.

의 낙관주의, 태도, 삶에 대한 기대는 왜 그가 살아남게 되었는지, 또 왜 그가 연이어 일곱 번이나 투르드프랑스의 우승을 거머쥐고 1999년 에는 올해의 선수상을 받게 되었는지를 보여 준다. 그는 여러 번 우승 한 유일한 사람이다. 많은 사람들은 암 진단을 완전한 결함, 속수무책 으로 여겼지만 랜스는 그것을 도로의 돌멩이 정도로만 여겼을 뿐이다.

카리스마 비결 ▶

주변에서 비관주의적인 압박을 느껴 본 적이 있는가? 당신은 그 반 대의 것을 원하지만 비관주의적으로 자연스럽게 프로그래밍된다. 만 약 주변의 모든 사람들이 자신의 비관주의 태도로 당신에게 좌절감을 준다면 낙담하지 말고 잠재적인 긍정적 결과를 보기 위해 노력하라. 사람들의 비난에 민감하거나 당신을 어떻게 생각할지에 대해 너무 염 려하지 말라. 절대 결함이나 실패 가능성을 바라보지 말라. 지금 잘못 되고 있는 것보다는 올바르게 되어 가고 있는 것을 더 찾으려고 노력 하라. 비관주의적인 사람들과의 관계를 통제하고 낙관주의자들과 더 많은 시간을 보내라. 인생이라는 도로의 장애물을 지나칠 수 있도록 기꺼이 돕는 타인을 찾아라. 기분이 우울하거나 좋지 않을 때 회복할 시간을 가져라. 그리고 다른 누군가에게도 그런 시간을 주어라. 이는 당신의 낙관주의와 태도에 기적을 만들어 낼 것이다.

자신의 낙관주의에 점수를 매겨 보자.
점수를 275쪽에 적는다.

0	1	2	3	4	5	6	7	8	9	10
매우 약함		약함			보통		강함			완벽함

긍정의 영향력
무력은 카리스마가 아니다

내가 그를 설득해도 그는 고집을 피우기 때문에
나는 함께 갈 수 있는 사람을 설득하겠다.
만약 내가 그를 위협한다면 그는 겁을 먹고 가 버릴 것이다.
— Dwight David Eisenhower

영향력의 형태는 다양하다. 어떤 형태의 영향력이든 카리스마에 긍정·부정의 영향을 미친다. 우리가 정당한 형태의 영향력을 지닐 때 사람들은 훨씬 더 원하고 기꺼이 행할 것이다. 영향력이 잘못된 방식으로 사용되면 장기적으로 역효과를 내는 것은 자명하다.

거의 모든 조직은 몇 가지 유형의 권위 구조를 가지고 있다. 명시적이든 아니든 그 유형의 권위 구조로 사람들이 권위에 어떻게 반응하는가를 함축적으로 시사한다. 관리자는 자신이 훌륭한 영향력을 가지고 있다고 생각하기 쉽다. 그러나 대체로 그들이 생각하는 것보다 훨씬 덜 그렇다. 일반적으로 상벌을 줄 수 있는 능력은 카리스마를 발산하는 데 별로 도움이 되지 못한다. 내면의 영향력은 외부의 영향력보다 항상 더 오래간다.

카리스마를 지닌 사람들은 긍정의 영향력을 다른 형태로 사용하는 법을 본능적으로 알고 실행한다. 사람들이 필요로 하고 원하는 것을 얻도록 도울 때 영향력이 만들어진다. 영향력은 무력의 힘과는 다르다. 영향력은 신뢰를 만들고 강화한다. 영향력은 항상 유지되고 강화되고 보장되어야만 한다. 그러면 영향력은 당신과 타인의 인생에서 긍정적인 성과를 낳도록 돕는다.

진정한 영향력은 통합과 에너지를 촉진한다. 영향력은 우리로 하여금 듣고 순종하도록 만든다. 물론 이러한 영향력은 회의감이 들게 할 때도 있고 힘차게 나아가게 할 때도 있다. 카리스마가 있는 사람들은 권력을 과시하지 않고 타인에게 강요하지 않으며 타인이 재미만을 위해 일하도록 만들지도 않는다. 그들은 도덕적인 목적을 위해 적절한 형태의 영향력을 사용하는 방법을 이해하고 있다. 긍정의 영향력은 청중이 마음을 터놓게 하고 카리스마를 향상한다. 지식, 기술, 권위는 모두 긍정적인 영향력의 한 형태가 될 수 있다.

카리스마를 계발하기 위해서는 권위라는 영향력을 이해할 필요가 있다. 이것은 당신의 지식 수준, 지위, 기술을 어떻게 인지하는가에 달려 있다. 타인들이 유지하고 있는 것보다 더 높은 지위를 얻는 데 필요한 지식을 당신이 가지고 있을 뿐 아니라 도움도 받을 수 있다고 믿을 때, 당신은 영향력 있는 사람이 된다. 강력한 위치에 있는 사람들은 타인에게 영향력을 끼칠 수 있다. 예를 들어 대기업의 CEO와 경찰관은 그들 나름대로 이러한 영향력을 행사한다. 우리는 권위와 지위 때문에 사장이나 경찰관에게 순종하도록 강요받는 느낌을 갖는다.

권위라는 영향력을 발휘한다는 것은 자기중심적이거나 잘난 체하는 것을 의미하지 않는다. 청중은 문제를 해결하는 데 도움을 받고 조언을 구할 수 있다는 어떤 기대를 가지고 있다. 그 도움은 선물이나 서비스, 보상, 혹은 접촉의 형태를 취할 수 있다. 사람들은 유능하고 지식이 많은 사람이 적절한 방향으로 이끌어 주기를 바란다. 만약 유능하고 지식이 많은 사람이 당신이라면 당신은 영향력과 카리스마를 가지게 된다.

자신이 상담가라고 생각하라. 당신은 무엇을 팔고 있는 것이 아니라 사람들이 올바른 결정을 하도록 돕고 있는 것이다. 이런 방식으로 카리스마나 영향력을 확인하는 것은 사람들의 관점을 바꾸게 한다. 당신이 권위 있는 인물이 된다면 모든 사람들은 자신이 신뢰하는 당신이 지닌 권위를 따르도록 프로그래밍된다. 전문가이고 숙련되었거나 능력이 있다는 것을 입증할 수 있을 때 당신의 권위는 영향력을 얻게 된다.

영향력의 또 다른 형태는 우리가 어떻게 옷을 차려입는가에서 나온다. 유니폼은 그 자체만으로도 즉각적인 영향력을 발휘할 수 있다. 유니폼은 비즈니스용 정장, 군복, 혹은 어떠한 유형의 신분을 드러내는 옷이다. 유니폼이나 옷은 권위와 심지어 즉각적인 명망을 불러일으킬 수 있다. 상황에 알맞은 옷이나 유니폼을 입는 것만으로도 영향력을 만들고 카리스마를 형성할 수 있다.

인식된 영향력의 마지막 형태는 타이틀의 영향력이다. 예를 들어 '~장', '전문 경영인', '~님', '관리자', '선장'과 같은 타이틀은 권위와 존경이라는 기대감을 만든다. 이름과 함께 '박사'라는 말을 들을 때 우리는 자동적으로 그가 중요한 사람이거나 지적인 사람이라는 기대를 하게 된다. 우리는 그가 최고의 학교를 졸업했는가 아닌가 혹은 박사로서 훌륭한가 아닌가를 묻지 않는다. 존경과 관심 있는 타이틀을 소지하고 있을 때, 영향력에 대한 당신의 권위는 매우 강화된다. 과업에 적절한 타이틀을 찾아라. 예를 들면 부사장이나 사장, 관리감독자, 회계 중역 등은 당신의 영향력을 증가시킨다.

◐•• 맹점

맹점은 영향력 그 자체가 중립적이고 우리는 좋은 방식 혹은 나쁜 방식으로 영향력을 이용할 수 있다는 것을 이해하지 못한다는 것이다. 여러 가지 근거를 들면서 영향력에 대해 말하는 것은 약간 의기소침하게 만들 수 있다. 그것은 영향력과 관련한 우리의 경험이 부정적이었기 때문이다. 어떤 사장은 "그것을 해. 그렇게 하지 않으면 당신은 해고야."라고 말할지도 모른다. 물론 단기간에는 효과가 있다. 그러나 영향력의 좋은 형태는 아니다. 두려움은 시공간의 영향을 받기 때문에 장기간의 카리스마를 발하는 데 걸림돌이 된다. 맹점을 비켜가려면 영향력이 매우 훌륭하게 사용될 수 있다는 것을 이해해야 한다. 사람들은 자연스럽게 훌륭한 형태의 영향력에 순종하게 마련이다. 영향력은 카리스마를 발하도록 도와준다. 실제로 사람들은 몇 가지 좋은 영향력을 가지고 있지만 그것을 잘 알지 못하거나 또는 어떻게 사용해야 하는지 모른다.

 적용

합법적인 형태의 영향력을 가지고 있다고 할지라도 자신도 모르게 영향력을 잃게 하는 태도를 취하게 된다. 다음은 그러한 몇 가지 예이다.

- 지나친 심각함 : 우리는 때때로 가볍게 할 필요가 있다.
- 경직된 겉모습 : 상황에는 맞지만 너무 격식 있게 차려입은 옷차림은 도리어 권위를 손상할 수 있다.
- 부적절한 발표 기술 : 쓸데없는 말을 하거나 횡설수설하는 것은 효과적이지 않다.
- 보스 스타일의 건들거림 영향력 : 고의적이지 않지만 우주의 만물이라는 인상을 줄 수 있다.
- 타인보다 지나치게 자신 챙기기 : 건강한 자아는 긍정적인 영향력의 방식에서 얻어진다.
- 타인에게 존경심 보이지 않기 : 경쟁적인 인상을 준다.

티베트의 종교 지도자 달라이 라마의 영향력을 생각해 보자. 그는 티베트의 영적인 지도자이다. 달라이 라마는 타인들을 일깨울 수 있도록 다시 태어났다고 여겨질 정도이다. 달라이 라마는 1989년 노벨 평화상을 수상했다. 이러한 지위는 영향력의 훌륭한 예가 된다. 달라이 라마는 추종자들에게 미치는 어떤 영향력을 가지고 있지만 비추종자에게는 그렇지 못하다. 영향력은 매우 상황적인 것이고 사람마다 다르다. 달라이 라마의 추종자가 그를 만난다면 그의 즉각적인 영향력을 느낄 것이다. 이것은 그의 지위나 노벨 수상자라는 공적 타이틀에서 나오며, 상대와 말을 나누기도 전에 달라이 라마는 개인적인 영향력을 발휘하게 된다.

카리스마 비결

당신은 카리스마를 가지고 타인들을 이끌고 안내할 진정한 권위를 가지고 있는가? 핵심은 영향력의 한 형태를 선택하고 그것을 향상해 나가는 것이다. 지금부터 시작하라. 기술(전문 지식)은 실행에 옮기기 위한 영향력의 가장 쉬운 형태이다. 자신의 결과물, 경쟁, 사례, 근면성을 알고 있는가? 청중이 찾고 있는 전문적인 지식을 가지고 있는가?

청중의 문제를 해결할 수 있는 능력이 있다면 그들에게 더 쉽게 영향력을 미칠 수 있을 것이다. 정당한 영향력을 가지고 있을 때 사람들은 저항하지 않고 오히려 영향력이 미치기를 원한다.

성공 사례나 수상 경력과 같은 명예는 쉽게 실행에 옮겨질 수 있는 영향력의 또 다른 형태이다. 오늘 당장 영향력을 향상할 수 있는, 자신에 대한 타이틀을 만들라. 자동적으로 존경심이 생기는 타이틀인지 확인하라. 물론 그것은 당신이 적절하게 선택할 수 있는 것이다.

자신의 긍정의 영향력에 점수를 매겨 보자.
점수를 *275쪽에 적는다.*

0	1	2	3	4	5	6	7	8	9	10
매우 약함		약함			보통			강함		완벽함

에너지와 균형
활기 넘치는 행복

에너지의 수준이 높아질수록 당신의 몸은 더욱 효율적이 될 것이다.
몸이 더욱 효율적일수록 당신은 기분이 더 좋아지고, 눈에 띄는
결과물을 생산하기 위해 재능을 더 잘 사용하게 될 것이다.

– Anthony Robbins

　카리스마를 지닌 사람 옆에 있을 때 그들의 에너지를 느낄 수 있을
뿐 아니라 전이되는 것을 느낀 적이 있을 것이다. 미미한 에너지를 발
하면서 영향력을 미치려고 하는 것은 오히려 역효과를 낸다. 아마도
이와 같은 사람 옆에 앉아 본 적이 있을 것이다. 심지어 그들과 이야기
를 나누지 않았더라도 왠지 에너지가 소모되는 듯하게 느꼈을 것이다.

　개인적으로 건강하기 위한 계획을 세우고 시간을 내며 노력하는 의
지가 필요하다. 사람들은 당신이 어떻게 보이고 어떻게 느껴지는가에
따라서 당신을 판단할 것이다. 당신의 몸무게, 운동 상태, 영양 상태,

수면 상태가 고려 대상이 된다. 우리는 모두 바쁘고 시간 내기가 무척 힘들다는 것을 안다. 하지만 성공과 카리스마를 만들고 영향을 미치는 능력을 키우는 데 건강 유지는 매우 중요하다.

당신이 방에 들어서는 순간 사람들이 에너지를 받는 듯한 느낌을 가져야 한다. 당신이 에너지와 카리스마를 가지고 있을 때 에너지가 전달되기 때문이다. 대중 앞에서 이야기할 때 에너지를 전달할 뿐 아니라 당신의 발표로 인해 방 안의 에너지가 증폭될 수 있어야 한다. 지루하고 흥미를 잃은 마음은 항상 "아니요"라고 말한다. 발표나 태도가 생기 없고 분명하지 않을 때 흥미가 사라져 카리스마를 전달하지 못한다.

인생을 놓고 볼 때, 조각조각 놓인 것이 아니라 큰 전체의 한 부분이라는 것을 깨달아야 한다. 인생을 각 부분으로 분명하게 구분 지을 수는 없다. 인생의 모든 면이 카리스마를 생기게 하거나 사라지게 할 수 있다. 높은 에너지를 생성하고 옮기기 위해 모든 영역이 함께 어울리게 하는 것이 중요하다. 한 영역에 너무 많은 시간을 투자하고 있다는 것을 깨달을 수 있어야 한다. 그럴 때 당신은 균형을 잃지 않는다. 한편으로 좋은 것이 너무 많으면 오히려 재앙이 될 수 있다.

카리스마 있고 성공한 사람들은 삶 속에서 균형과 정렬을 추구함으로써 에너지를 증가시킬 수 있다. 균형과 에너지가 없는 것은 카리스마가 없는 것과 마찬가지이다. 자기 스스로 옳다고 느끼지 못할 때 타인에게도 올바르게 보일 리가 없다. 인생의 모든 면에서 균형을 유지하라. 불균형은 동기를 파괴하고 에너지를 감소시킨다. 대부분의 사람들은 에너지가 부족하다. 왜냐하면 불균형이 존재하는 것을 모르기 때문이다. 한 영역이 가지런함에서 벗어날 수도 있다. 그러면 그것이 다른 영역에 직접적인 영향을 줄 수 있다. 차를 예로 들면, 만약 브레이크가 작동하지 않으면 운전 능력에 영향을 미칠 것이다. 균형을 찾으면 더 많은 에너지를 찾을 것이다.

균형을 원하고 더 많은 에너지와 집중을 원한다면 자신의 인생을 정렬할 필요가 있다. 매주 시간을 보내야 할 여섯 가지 영역이 있다 (몇 가지는 다른 것보다 더 많은 시간을 필요로 한다). 삶을 정렬하는 여섯 가지 영역은 다음과 같다.

1. **재정** : 만약 금전적인 부분을 돌볼 수 없다면 기본적인 필요 사항도 돌볼 수 없다. 재정적인 부분을 무시한다면 불균형이 뒤따를 것이다. 지불할 수 없다면 인생의 모든 영역에 영향을 미칠 것이다.

2. **신체** : 자신이 건강하다고 느끼지 못한다면 인생의 다른 영역을 향상할 생각조차 하지 못할 것이다. 좋은 건강 계획을 세울 필요가 있다. 영양, 수면, 운동의 중요성을 알고 있는가? 만약 이를 모른다면 건강과 에너지의 부족함이 카리스마를 만들 능력의 균형을 감소시킬 것이다.

3. **감정** : 인간으로서 우리는 감정적인 존재이다. 분노, 억울함, 당황, 증오, 우울함이 인생을 지배하도록 해서는 안 된다. 자신을 통제해야 한다. 만약 감정을 통제하지 못한다면 인생이나 행동도 통제하

지 못할 것이다. 감정적인 안정을 위한 노력은 균형 잡힌 행복한 생활에서 필수 요소이다.

4. **지식** : 개인적인 발달은 당신을 흥분시키고 동기 유발되어 목적을 향해 움직이도록 해 준다. 지속적으로 배우고 향상될 때가 가장 좋은 상태이다. 이것이 부족하면 부정적이고 냉소적이며 비관적이 되기 때문에 매일 개인적인 향상을 위한 노력이 필요하다.

5. **정신** : 자신이 누구인지에 대해 자신의 목적에 귀 기울일 필요가 있다. 우리는 각각 다른 방식으로 영성을 규정한다. 타인을 도와주고, 종교 생활을 하고, 명상하고, 자연으로 돌아가는 방식을 택한다. 내면의 소리에 귀 기울이고 개인적인 영성에 다가갈 시간을 가질 필요가 있다.

6. **사회** : 우리는 또한 사회적인 존재이다. 우리의 가장 큰 힘과 행복은 관계에서 나온다. 우리의 슬픔과 기쁨도 대부분 타인과의 관계에서 나온다. 이처럼 관계는 행복과 균형의 통합적인 부분이다. 성취한 인생을 이끌어 가기 위해 목적과 의미가 필요하다. 고립된 섬에는 아무도 없다. 그리고 인생과 성공은 단독의 프로젝트가 아니다.

우리는 항상 성장해야 하며 지속적으로 우리 인생의 옳은 영역에 투자할 필요가 있다. 종종 쓸모없거나 가치가 없는 일들에 너무 많은 시간을 낭비해 버린다. 또한 타인이 제안하는 것을 추구하느라 너무 바빠서 우리의 에너지와 균형에 도움이 되는 것, 나와 타인에게 상처

주는 것을 점검해 보는 일을 잊어버린다. 만약 우리의 인생에서 가지런함의 작은 부분을 무시한다면 전체적인 행복, 에너지, 성공이 사라질 것이다.

맹점

사람들은 한 번쯤 "운동할 시간이 없어요."라고 말한 적이 있을 것이다. 만약 카리스마를 원하고 에너지를 방출하고 싶다면 에너지를 방출하는 데 필요한 내적인 건강을 가질 필요가 있다. 이 맹점은 영양, 관계, 운동, 특히 균형이 더 많은 에너지와 시간을 가져다준다는 것을 알지 못하게 한다는 것이다. 운동을 하면 잠을 덜 자고, 더 잘 생각하며, 더 많은 일을 적은 시간에 성취할 수 있고, 더 오래 살게 된다. 단도직입적으로 말해서 우리가 건강, 에너지, 영양에 소비하는 모든 시간이 열 배로 되돌아온다는 것이다. 그 시간은 가치가 있으므로 마음을 단단히 먹고 시간을 내는 것이 무엇보다 중요하다.

적용

만약 당신이 대중 앞에서 발표한다면 내부 에너지의 수준이 모든 것을 말해 준다고 해도 과언이 아니다. 에너지가 없다는 것은 영향력이 없고 카리스마도 없다는 것이다. 에너지와 참여를 증진할 수 있는 몇 가지 방법은 다음과 같다.

- 청중이 일어서고 움직이고 손을 들게 한다.
- 움직임과 내부적인 의미를 이끌어 낼 수 있는 집단 활동을 한다.
- 생각을 유발하는 질문을 한다.
- 영향력 있는 이야기를 한다.
- 청중을 웃게 만든다.

사례

에너지와 카리스마를 생각하면 앤서니 로빈스Anthony Robbins가 떠오른다. 그는 짐 론Jim Rohn을 위한 세미나를 홍보하는 것으로 시작해서 후에는 신경언어학 프로그램을 가르쳤다. 그는 『무한의 힘Unlimited Power』의 작가인데, 청중을 몰입하게 만드는 힘이 있다. 당신은 아마도 개인 발달 프로그램을 홍보하는 해설식 광고에서 그를 본 적이 있을 것이다. 그를 보면 에너지와 카리스마의 의미를 알 수 있다. 그는 나흘 동안 내내 청중을 사로잡았다. 그리고 이는 늦은 밤까지 계속되었다. 그는 매우 강력하고 매력적이고 에너지로 가득 차서 청중은 12시간 넘게 로빈스와 함께 있었다는 것을 깨닫지 못할 정도였다. 로빈스는 카리스마가 있는 사람으로서 그의 에너지가 청중에게 전이되었다.

이 영역의 비결은 무엇이 당신으로 하여금 에너지의 역동을 느끼게 하는지를 발견하는 것이다. 당신의 에너지가 줄어들고 늘어나는 동안에 무슨 일이 일어났는가? 균형의 부족은 가치 있는 에너지를 잃는데 중요한 요소가 될 수 있다. 가장 큰 약점(신체적 · 지적 · 정신적 · 사회적 · 재정적 · 감정적)을 찾아보자. 그리고 그것을 고칠 계획을 세워 보자. 자신의 가장 약한 영역를 찾아서 그 영역을 향상할 계획을 생각해 보기 위해 노력하라. 실패에 대한 두려움, 자신감 부족, 비판은 에너지 생산량을 낮추게 만들 것이다. 열정과 균형이 없고 부정적인 태도 또한 에너지가 줄어들게 한다.

자신의 에너지와 균형에 점수를 매겨 보자.
점수를 275쪽에 적는다.

0	1	2	3	4	5	6	7	8	9	10
매우 약함		약함			보통		강함			완벽함

유머와 행복

내면에서 나온다

행복은 외부에서 오는 것이 아니라 반드시 내면에서 나온다.
우리가 보고 만지는 것이 아니라, 우리가 행복해지도록 타인이
우리를 위해 하는 것이다. 또한 우리가 생각하고 느끼고 행하는 것이며,
먼저 타인을 위하고 그런 다음 우리를 위하는 것이다.

— Helen Keller

진정한 카리스마를 지닐 때 행복하며 더불어 행복감을 발산하게 된다. 행복을 찾는 많은 사람들은 당신 안에서 그것을 느끼고 당신에게 끌리게 된다. 이는 당신이 인생을 사랑하고 즐기며 타인이 당신 주변에 있는 것을 좋아한다는 것을 의미한다. 행복을 명성과 행운, 성공, 부(富)의 용어로 정의할 수 있지만 이 모든 것은 외적인 요소에 지나지 않는다. 사람의 내면에서 일어나는 행복이 가장 크고 강력하다. 많은 돈을 벌거나 대학을 졸업하고 승진하여 일을 잘 해낼 때 행복할 것이라고 생각하지만 지속적인 행복은 미래가 아닌 현재에 뿌리내리고 있다.

　대부분의 불행은 정신적인 안녕 상태, 감정적인 앙금, 신체적인 문제 등 자신의 인생에서 일어나는 것들에 대한 단순한 해석이 아니다. 정말로 행복했던 때를 생각해 보자. 무엇을 하고 있었는가? 그리고 지금 마음속에 무슨 일이 일어나고 있는가? 당신이 하고 있는 것과 가고 있는 방향에 대해 내적인 평화와 안정감을 느끼고 있는가? 행복은 흥미로운 목표 또는 목적의 지속적인 전진, 당신의 열정이 목적의 방향을 향하는 것을 포함한다. 외부적인 요소와 상관없이 목적과 방향성을 느낄 때 행복을 느낄 것이다. 그리고 이것을 청중에게 전달함으로써 행복감을 향상할 수 있다.

　유머의 사용과 카리스마 전달 능력은 직접적인 관련이 있다. 유머는 사람을 무장해제시키고 마음을 열어 주며, 당신과 진한 연결 고리를 만들고 카리스마를 느끼게 한다. 우리는 우리를 웃게 만들고 자신과 외적 환경에 대해 더욱 좋게 느끼도록 도와주는 사람에게 끌린다. 이러한 유머는 사람들을 더욱 수용적으로 만들어 준다. 또한 처음 만났는데도 사람들은 당신을 기억하고 긍정적인 면에서 당신을 지속적으로 붙잡고 싶어 할 것이다. 유머를 지렛대로 사용한다면, 카리스마와 라포를 가지지 못한 사람보다 당신의 메시지는 더욱 무게감을 가지고 관심을 받게 될 것이다.

　유머의 장점은 셀 수 없을 정도이고 카리스마에서 매우 중요하다. 굳이 코미디언이 될 필요는 없다. 다만 누군가를 웃게 하고 미소 짓게 할 수 있으면 된다. 유머는 사람의 마음이 방황하는 것을 막아 주고 당신의 영혼에 다시 에너지를 불어넣어 준다. 요약하자면 유머는 사람을 기분 좋게 하고 긴장을 풀어 준다. 당신에게 좋은 점은 무엇인가? 유머의 적절한 사용은 자신감과 호감을 높여 준다. 그것은 즉각적인 라포를 형성하여 사람들로 하여금 당신을 더욱 믿게 한다. 유머가 잘 통하도록 연습하라. 다른 사람들을 웃기려고 해 보라.

맹점

우리는 얼마나 눈이 멀 수 있는가! 인생에는 리셋 버튼이나 다시 시작하기가 없다. 이것이 우리의 인생이고 우리는 그 여정을 즐길 필요가 있다. 여백을 메울 때 행복해질 것이란 생각은 현재 즐길 수 있는 만족과 카리스마를 분출할 수 있는 능력을 파괴해 버린다.

삶의 외면적인 것들이 우리에게 행복을 가져다주기를 바라는 것은 파국을 향해 치닫는 '미끄러운 경사면'과도 같다. 그런 외면적인 것들은 일시적인 행복을 가져다줄 수는 있지만 우리의 목표는 장기적인 행복이 되어야 한다. 우리가 추구하는 대부분의 것들은 진정한 장기적인 행복을 가져다주지 못하기 때문에 우리는 눈이 멀었다고 할 수 있다.

◐ 적용

　사람들이 웃음이나 미소조차 보이지 않는다고 걱정하지 말라. 드러내며 웃지 않더라도 속으로는 웃고 있을 수 있다. 아니면 단지 그러고 싶지 않을 뿐인지도 모른다. 당신이 웃게 하고 감동을 전해 줄 수 있는 사람에게 집중하라. 당신 자신을 비웃는 법을 배워라. 자신을 비난하는 유머는 청중과 소통하는 좋은 방법이 될 수 있다. 그들은 자기처럼 당신이 실수한다는 것을 알고는 당신 곁에 있는 것을 더 편안하게 느끼게 될 것이다. 항상 즐길 준비를 하고 행복을 나누려 하며 유머를 사용할 준비를 하라. 유머를 사용할 수 있을 때 타인을 도울 수 있다.

- 그들의 감정에 더욱 열린 태도를 갖는다.
- 스트레스와 두려움을 줄인다.
- 인생의 만족을 더욱 경험한다.
- 자기 이미지를 향상한다.
- 더욱 친밀해진다.

사례

　만족의 아주 좋은 사례는 나치 수용소의 잔인함과 공포에서 살아난 정신과 의사 빅토르 프랑클Victor Frankl이다. 그는 유명한 저서 『죽음의 수용소에서Man's Search for Meaning』를 통해 다음과 같이 말했다. "행복은 목적이라기보다는 상태이다. 행복은 추구될 수 없다. 우리가 통상적인 행복을 목표로 할수록 목적을 잃게 된다. 만약 행복을 위한 뚜렷한 이유가 있다면 행복은 계속될 것이다. 목적을 가지고 인생에 의미를 부여하는 것은 부작용을 낳는다." 프랑클은 불행을 포용할 모든 이유가 있었다. 1942년 나치는 그를 아내, 부모와 함께 수용소에 보냈다. 수용소에서 그는 의사로 일하면서 수많은 고통과 잔인함을 목격했다. 그는 자신이 경험한 모든 공포에도 불구하고 사람은 어떤 상황에서든 의미와 행복을 찾을 수 있다고 결론 내렸다.

카리스마 비결

행복과 카리스마를 향상하기 위해 오늘 무엇을 하겠는가? 당신은 정말 행복한가? 아이러니하게도 때때로 우리의 삶의 질은 지금까지 중 최고로 풍족하지만 행복감은 최저 수준을 보이는 경향이 있다. 왜 그럴까?

- 우리는 긴장감을 느낀다. 인생에서 많은 충돌로 인해 불행을 만들어 낸다. 우리는 목적과 열망이 있으며 이것은 다른 것과 충돌한다(예를 들면 기업가가 되는 것과 안정적인 직업을 갖는 것 사이의 충돌). 그래서 엄

청난 스트레스와 긴장감이 일어난다. 시간을 갖고 어떤 목적이 충돌을 만들어 내는지 알아내어 해결점을 찾고 행복의 증가를 경험한다.

• 의미 없는 목적은 없다. 재미있고 흥미롭고 실제적인 목표를 찾아서 추구한다. 그러면 진한 행복을 발견할 수 있을 것이다.

자신의 유머와 행복에 점수를 매겨 보자.
점수를 275쪽에 적는다.

0	1	2	3	4	5	6	7	8	9	10
매우 약함		약함			보통			강함		완벽함

추가적인 카리스마 정보와 오디오(lawsofcharisma.com)

• 관련 기사
• 관련 오디오 : '자발적 믿음 만들기'
• 활동지

만일 배를 만들고 싶다면
사람들을 불러모아 일을 지시하지 말라.
대신 그들에게 저 넓은 바다에 대한
동경심을 키워 줘라.
— Antoine Marie-Roger de Saint-Exupéry

The LAWS OF CHARISMA
Part 2

핵심 자질
내면은 외면을 좌우한다

카리스마는 상대방을 끌어들이는 강력한 흡인력이다.

나무 베기 시합 도전 이야기

두 이웃이 산속에서 가까이 살고 있었다. 그들은 경쟁적으로 힘을 겨루었다. 어느 날 첫 번째 사람이 3시간 동안 누가 더 많이 나무를 베어 오는지 겨뤄 보자고 제안했다. 두 번째 사람은 이 도전을 받아들였다. 첫 번째 사람이 힘껏 나무를 베기 시작했다. 그가 나무를 자를 때, 두 번째 사람은 30분 동안 나무를 베고 10분은 큰 나무 아래에 앉아서 쉬었다. 첫 번째 사람은 그 이웃의 게으름을 믿을 수 없다. 두 번째 사람은 시간마다 10분간 휴식을 취했다. 마침내 3시간이 지났다. 잠시도 쉬지 않은 첫 번째 사람은 승리를 확신했다. 그런데 놀랍게도 두 번째 사람이 두 배나 많이 베었다. 자신의 눈을 믿을 수 없었던 첫 번째 사람이 말했다. "불가능해! 너는 매시간 쉬었잖아!" 그러자 두 번째 사람이 말했다. "나는 그냥 쉰 게 아니라 도끼를 갈았다네."

의미

아래의 핵심 자질을 계발하고 잘 조율할 시간을 갖지 않는다면 우리는 결국 패배하게 된다. 도끼를 갈고닦으면서 핵심 자질을 연마하자. 이것은 단기적인 이익을 얻지 못할 수 있으나 장기적인 이점은 크다. 우리는 도끼를 갈고닦아야 한다(즉 이 기술을 사용한다). 하지만 어느 누가 시간, 에너지, 열망, 집중을 가지고 있는가? 도끼를 갈지 않는다면 무뎌져서 쓸모없어진다. 핵심 자질을 숙련하면 우리의 도끼가 날카로워지고 더욱 빠르게 카리스마를 계발할수 있다.

핵심 자질의 기술/특성

- 자기 수양
- 능력
- 직감
- 목적
- 진실성
- 용기
- 창의성
- 집중력

자기 수양
의지력은 헌신과 동일하다

*위대한 사람의 인생에 대한 책을 읽고
나는 그들의 첫 번째 승리가 자신을 이기는 것임을 발견했다.
다른 것보다 자기 수양이 우선이다.*

— Harry S. Truman

우리는 자기 수양 혹은 의지력이라는 말을 들을 때 약간은 긴장하게 된다. 우리는 모두 나쁜 습관과 우리가 하고 싶지 않은 일을 생각한다. 그리고 항상 시도했던 의지력과 실패를 생각한다. 자기 수양은 카리스마를 향상하고 영향력을 갖는 데 중요한 인생의 기술이다. 당신의 약점이 드러날 때, 자기 수양이 부족한 상태라면 타인에게 영향을 미치는 능력은 천천히 약화될 것이다. "인생을 살면서 훈련받거나 실망감을 느낄 것이다"라는 격언이 있지 않은가.

수양과 의지력은 내적인 힘으로 알려져 있다. 이 힘은 진정한 성공을 이루게 하기 위해 동기 부여를 하고 그것을 이끌어 낸다. 그리고 올바른 방향으로 인도하여 용기와 인내력을 갖도록 도와준다. 우리는 수양과 의지력이라는 덕목을 가끔 무시하는 경향이 있는데, 그 이유는 불편함을 느끼고 싶지 않기 때문일 것이다.

TV를 보는 것이 책을 읽는 것보다 더 쉽다. 건강한 음식을 먹는 것보다 패스트푸드를 먹는 것이 더 간편하며, 가난한 채로 지내는 것이 경제적으로 독립하는 것보다 더 쉽다. 사람들은 지금 당장 결과—즉각적인 만족감—를 원하며, 즉각적으로 얻지 못하면 포기하거나 못하겠다고 말한다. 그러나 주변을 돌아보라. 자기 수양을 위해 노력하고 더 나아가 이를 위해 고군분투한다면 무언가 달라짐을 알아챌 것이다. 수양이 부족할 때 게으르고 우울하고 활기가 없다. 이런 감정은 카리스마를 가진 사람이 느끼는 것과 정확히 반대이다.

우리의 현재 조건보다 상상하는 미래의 결과가 더 좋기 때문에 훈련을 하게 된다. 원하는 것을 이룰 때 우리는 인생에서 진정한 행복을 느낀다. 정상에 도달하기 위해 우리는 항상 자기 수양을 해야 한다. "이번 주는 잘 해냈으니 며칠간 쉬어야겠어."라고 말해서는 안 된다. 자기 감정, 습관, 마음, 신체를 다스리는 법을 배울 필요가 있다. 그러면 하고 싶지 않고 우울하고 부정적인 감정이 생길 때에도 자신의 일을 잘 해내게 된다. 이런 정신적인 상태는 타인을 이끌 뿐 아니라 평안과 동기 부여, 엄청난 성공을 가져다줄 것이다.

자기 수양의 의지력이란 건전지와 같다. 하루 종일 자기 수양을 위해 연습할수록 건전지의 에너지(의지력)가 줄어든다. 무엇이 건전지를 소비시키는가? 피로, 유혹 뿌리치기, 부정적인 감정, 저혈당, 감정의 억압, 동료의 압력은 의지력이란 건전지를 더욱 빨리 소진시킨다. 자기 수양을 위해 지속적으로 연습할수록 건전지는 더욱 소진된다. 카리스마를 지닌 사람은 더욱 자기 수양적이며 추진력을 갖고 있다. 그들은 의지력이 떨어질 때도 행동할 것이다. 그리고 그들은 충전할 계획을 세운다. 무엇이 그렇게 움직이게 하는 것일까? 유머, 낮잠, 명상, 운동, 심상 등 바로 그들이 잘하는 것을 하는 것이다. 수양이 낮은 것을 인지하고 건전지가 다 닳기 전에 재충전을 어떻게 하는지 결정하기 위한 계획을 세워야 한다.

　습관 중 고질적인 것들의 변화를 위해서는 시간과 에너지가 필요하다. 성공하는 사람은 자신의 나쁜 습관을 인지할 때 변화가 온다는 것을 이해한다. 그들은 변화할 필요가 있다는 것을 스스로 인정하고 변화를 일으키기 위해 자기 수양을 한다. 수양은 용기와 자신감을 불러일으키며 카리스마를 향상한다. 매일 매시간 100퍼센트 자기 수양을 할 수는 없다. 하지만 미래를 위해 자기 수양을 매일 강화할 필요가 있다. 인생은 모든 습관의 축적물이다. 매일의 행동과 결과가 습관을 만들어 낸다. 자신의 습관을 살펴보고 나쁜 습관을 인지하라. 카리스마를 지닌 사람은 자신의 나쁜 습관을 발견하고 필수적인 변화를 이뤄 낸다.

☾·· 맹점

분명한 것은 스스로 자기 수양을 하지 못하고 타인에게 훈련시켜 달라고 요청할 수 없다는 것이다. 커다란 맹점은 당신의 인생에서 한 가지 영역이 훈련되었다고 해서 자기 수양이 되었다고 볼 수는 없다는 것이다. 당신의 모든 영역에서 수양의 부족은 당신을 끌어내릴 것이다. 당신 인생의 영역 중 네 가지가 잘 수양되었지만 두 가지 영역은 잘 수양되지 않았다고 가정해 보자. 이런 약한 영역은 나머지 강한 영역에 영향을 줄 것이다. 자기 수양은 당신 인생의 모든 영역에서 중요하다. 그러므로 이런 약점을 주의하라. 대부분의 사람들은 자기 수양 점수를 실제보다 더 높이 매긴다. 이런 잘못된 관점이 핵심 약점이라고 말할 수는 없다.

☾·· 적용

의지력과 자기 수양을 증가시키기 위해 무엇을 할 수 있을까? 행동이 생각하는 것보다 더 쉽다. 당신은 이미 열망을 가지고 있으며 더 많은 것을 할 수 있음을 알고 있다. 스스로 인생에서 더 많은 성공을 원한다는 것을 알고 있다. 자기 수양을 높이기 위해 다음과 같이 할 수 있다.

- 자신의 목적을 작은 조각과 단계로 나눈다.

- 포기하는 것보다 할 수 있는 것을 시각화한다.

- 자신의 진보를 시간별, 날짜별로 관찰한다.

- 자신의 목적이 정말로 원하는 것인지 확인한다.

- 성공으로 가는 길에 도와줄 친구를 구한다.

- 몇 번의 후퇴가 있을 수 있다고 정신적으로 무장한다.

- 의지력이 줄어들고 충전이 필요할 때 계획을 세운다.

사례

역사상 가장 위대한 발명가 중 한 사람은 토머스 에디슨Thomas Edison 이다. 자기 수양과 일을 지속하는 것을 떠올릴 때 에디슨이 생각난다. 에디슨이 전기 전구를 발명하면서 수천 번 겪은 실패에 대한 이야기를 기억하자. 우리는 그것을 실패로 보지 않고 성공적인 시도로 보았다. 실패를 극복하려는 그의 능력과 완벽함을 향한 탐구는 성공의 요인이다. 에디슨은 자신이 원하는 것에 너무 집중한 나머지 자기 수양이 자연스럽게 한 부분이 되었다. 그는 역사상 가장 훌륭한 발명가 중 한 사람이다. 그는 미국에 1,093개의 특허가 있으며 여기에는 축음기, 사진기, 전구도 포함된다.

　　자기 수양의 비결은 자신의 습관이 도움이 되거나 피해가 되는지 파악하는 것이다. 더 건강한 습관과 강력한 자기 수양을 이루기 위해 무엇이 필요한가? 목적을 성취하지 못할 만큼 붙잡고 있는 하나의 습관을 선택하자. 자기 자신에게 물어보라. 어디에서 그 습관이 비롯되었는가? 그리고 그 습관의 장기적인 결과를 곰곰이 생각해 보라. 습관을 대체하고 자기 수양이 약화되었을 때 무엇을 할 것인지 계획을 세워라. 가장 약한 습관을 오늘 고르고 해결책을 찾아서 계획을 세워라.

자신의 자기 수양에 점수를 매겨 보자.
점수를 275쪽에 적는다.

0	1	2	3	4	5	6	7	8	9	10
매우 약함		약함			보통		강함			완벽함

능력
모르는 게 독이 될 것이다

우리는 자신을 믿어야 한다. 그렇지 않으면 아무도 우리를 믿지 않을 것이다.
우리는 성공하기 위해 능력, 용기, 투지, 열정을 결합해야 한다.

— Rosalyn Sussman

카리스마를 보여 주고 타인에게 영향력을 행사하기 위해 중요한 요소는 통합적인 능력과 지식 혹은 당신이 가지고 있을 것이라고 타인들이 생각하는 영역의 전문성이다. 당신이 말하는 것에 대해 당신이 모른다고 사람들이 생각한다면 롤 모델이 되기 어렵다. 당신이 그들에게 요청한 것을 이전에 당신이 경험했었는지 그들이 직접 보거나 듣지 못했다면 당신의 리드를 원치 않을 것이다. 당신이 해 보지 않은 일들을 그들에게 권유한다면 분노와 분쟁이 일어날 것이다. 진정한 카리스마를 지닌 사람은 타인이 하길 바라는 것을 옳은 방식으로 미리 보여 줘야 한다. 기준을 세워야 하며 영향력을 가지기 전에 능력의 표본이 되어야 한다.

능력은 당신이 할 수 있는 것과 지식으로 구성된다. 능력은 평생 동안의 배움과 경험에서 나온다. 타인들은 무의식중에 당신이 특정 능력 수준을 가졌다고 여긴다. 이때 당신은 그들이 원하는 것을 정말로 해낼 수 있는가? 당신이 약속한 것을 실천할 수 있는가? 사람들은 당신이 기술과 재능, 지식, 자원을 가지고 있다고 생각하는가?

결국에 그들은 알아챌 것이다. 자신의 분야에서 전문가가 되고 그것을 유지하라. 자신의 능력을 유지할 수 있는 하나의 방법은 지속적으로 배우는 것이다. 능력은 또한 실수를 통해 배우는 것이며, 그 경험을 전문 지식의 축적을 위한 미래의 도구로 사용하라. 자기 분야에서 최고가 되어라. 전문가 이상의 모습을 보여 줘라.

"아는 것이 힘"이라는 명언을 들어 보았을 것이며, 그 말이 진리라는 것도 알 것이다. 당신의 지식은 특정한 주제, 체계, 상황에 대한 전문성을 기반으로 한다. 타인보다 더 많은 지식과 전문성을 가지는 것은 카리스마를 배가되게 한다. 예를 들면 변호사, 기능공, 약사는 지식의 힘을 가지고 있다. 우리는 이런 전문가의 의견에 의존하고 그들이 말하는 것을 믿는데, 이는 그들의 경험과 훈련에 대한 믿음에서 비롯된다. 능력은 타인에게 필요한 지식—예를 들어 사실, 정보, 자료—을 당신이 알고 있을 때, 혹은 타인에게 가치 있는 자원—예를 들어 사람, 자산, 물건, 서비스—에 접근할 수 있을 때 증가한다. 올바른 관계를 맺고 있다고 보는가? 당신이 가지고 있는 관계성은 무엇인가?

열정은 위대한 것이지만 능력은 전문 지식 없이는 카리스마를 발산할 수 없고 아무에게도 영향력을 미칠 수 없다. 진정한 능력은 당신의 능력, 가능성, 기술을 결합한 것이다. 능력을 가지면 전문성과 카리스마를 증가시키고 청중의 존중을 얻어 낼 수 있다.

맹점

정상에 있고 재능과 전문 지식이 있다 하더라도 반드시 능력 있는 전문가로 인식되는 것은 아니다. 당신이 어떻게 인식되는가 생각해 보라. 당신의 대답에 대해 확신하는가? 당신은 99퍼센트의 사람들보다 그 주제에 대해 더 많이 알아야 한다. 아무리 많이 알고 있다고 할지라도 지속적으로 훈련을 받고 능력을 향상해야 한다. 자기 분야의 변화와 발전에 대해 잘 알고 있어야 하며, 항상 새로운 정보를 가지고 있어야 한다. 타인이 당신보다 더 많은 지식을 가지고 있다고 느낄 때 당신의 능력과 영향력은 빠르게 사라질 것이다. 모든 능력은 시간이 지나면서 약화되고 쓸모없어진다. 당신은 오늘 무엇을 배웠는가?

적용

능력을 향상하고 능력에 대한 타인의 인식을 여러 방법으로 변화시킬 수 있다.

> • 누군가가 당신을 지지하도록 하거나 당신의 자질을 스스로 설명한다.
>
> • 당신의 사무실과 외부적인 환경이 능력을 발휘할 수 있도록 조성한다.
>
> • 자신의 명성에 흠이 생기지 않도록 한다.
>
> • 타인으로 하여금 당신을 언급하게 한다.
>
> • 학위, 승인, 간판은 초기 능력의 배양과 홍보에 도움을 준다.
>
> • 항상 자신의 전문 분야에 대해 확실한 소신을 갖는다.

사례

프레드릭 스미스Frederick Smith는 FedEx의 설립자이자 CEO로서 탁월한 능력을 지녔다. 그는 맨땅에 헤딩하다시피 하여 FedEx를 직원이 14만 명이 넘는 회사로 일궈 냈고 1년에 370억 달러 이상 벌어들인다. 스미스는 지속적인 배움과 교육의 힘을 강력하게 믿는 사람이다.

그는 배우고 성장하기 위해 노력하고 그러한 시간을 갖는 것을 지지한다. 또한 역사가 우리에게 가르쳐 줄 수 있는 많은 교훈을 배우고 공부해야 한다고 믿는다. 지속적으로 배우는 사람으로서 스미스는 중심부와 연결되는 네트워크를 구축함으로써 새로운 산업 분야에서 수백억 달러를 벌어들였다. 진정한 능력을 지닌 그는 오늘날 새로운 서

비스에 대한 요구를 충족시켰다.

능력을 계발하려면 인내심이 필요하다. 우리가 배우고 시도하는 것 중 처음에는 완벽한 것이 없다. 능력이 드러나는 데에는 시간이 필요하다. 능력을 지닐 때까지는 우리 모두 모든 영역에서 능력이 없다. 자신의 영역에서 능력을 보여 줄 수 있다고 느낄 때까지 집중하고 지속적으로 배워라. 단기적인 후퇴는 장기적인 성공의 한 부분이라는 것을 알라. 링컨, 에디슨, 처칠과 같은 역사적인 인물을 기억하라. 그들의 초기 실패는 결과적으로 성공을 이끌었다.

또 다른 비결은 자신의 전문 분야 밖에 있는 주제를 알고 배우는 것이다. 이것은 라포를 형성하고 미래의 굳건한 관계를 만드는 데 도움이 될 수 있다.

자신의 능력에 점수를 매겨 보자.
점수를 275쪽에 적는다.

0	1	2	3	4	5	6	7	8	9	10
매우 약함		약함			보통			강함		완벽함

직감
직감을 따르라

가끔은 자신의 직감을 따라야 한다.
– Bill Gates

예감, 직감적 본능, 느낌으로 부르든 직감은 실제이며 당신이 카리스마를 발산하여 영향력을 줄 수 있는 능력을 높이도록 활용할 수 있다. 직감은 본능적으로 사람을 이해하고 읽어 내도록 돕는다. 직감은 감정, 지혜, 경험의 결합이다. 무작위적인 생각과 직감을 구분할 수 있는 사람들은 삶과 비즈니스에서 더욱 성공할 것이다. 예를 들면 큰 회사의 CEO들은 건전하고 교육적인 결정을 내리는 데 필요한 모든 연구에 접근한다. 하지만 성공하는 사람들은 개인적인 직감을 사용한다는 것을 인정할 것이다.

직감에 집중하면 얼굴 표정, 동작, 목소리 톤으로 그 사람의 마음을 읽을 수 있는 능력을 가지게 된다. 이 능력은 인간으로서 초기 프로그래밍되어 있는 것으로, 누군가를 만났을 때 아군인지 적군인지 즉각적으로 결정하게 한다. 이런 정확한 직감을 따르는 능력이 있는 사람들은 위험을 인식하거나 새로운 친구를 만들 수 있다. 우리는 누군가를 만났을 때 보통 30초 내에 그 사람이 좋은지 싫은지 결정한다. 이런 판단은 직감에서 나온다.

물론 연구가 중요하다. 정보를 수집하고 분석하는 데 시간을 들여야 한다. 당신은 평생 남은 시간 동안 정보를 계속 수집할 수 있다. 그리고 어느 순간 결정을 해야만 할 것이다. 당신의 직감이 당신을 인도하도록 해야 한다. 여기에는 약간의 신뢰와 실행이 필요하다. 전력을 다하는 것을 배워라. 타인의 의견이나 사실에 당신을 가두지 말라. 심장을 따르고 소중한 직감을 깨우는 것을 배워야 한다.

어떤 사람들은 직감에 대해 이야기하는 것을 두려워한다. 이는 설명하기 힘든 부분이기 때문이다. 성공한 사람들은 직감을 매일 사용했다는 것을 확실히 알려 준다. 그들은 공개적으로 이야기하지는 않지만, 우리가 인식하는 것보다 더욱 가치 있기 때문에 직감을 사용하고 있다. 그들은 창의력, 카리스마, 타인과 연결하는 능력을 높이기 위해 직감을 사용했다. 물론 매우 분석적인 사람들은 직감을 말도 안 되는 근거 없는 개념이나 신화 정도로 비난하는 경향이 있지만, 직감은 배우고 통달할 수 있는 기술이다. 이해 불가의 일이 일어나더라도 분명히 직감은 작동한다.

직감은 우리의 이전 경험, 지식, 축적된 기억을 깨우는 능력을 확장해 준다. 우리는 지나간 경험이 무엇인지 기억하지 못하기도 한다. 하지만 우리가 이미 배운 어떤 것은 직감으로 표현된다. 직감을 따르는데 주요 장애물은 직감을 심각하게 받아들여야 한다는 확신이다. 이것은 충격, 충동, 혹은 내면의 소리로 나타날 수 있다. 우리는 매우 자주 직감을 통해 정보를 받아들인다. 우리는 단지 들을 뿐이다. 직감이 어떻게 당신에게 말하는가? 무엇을 들어야 하는가? 경청하라. 그러면 많은 시간, 에너지, 돈을 아낄 수 있을 것이다.

직감은 이전의 경험이나 순간의 감정과 습득한 지식에 의존한다. 직감의 사용을 연습할수록 새롭게 영감을 받은 생각이 직감적으로 내면에서 떠오르는 것을 경험하게 될 것이다. 그러면 문제를 더 빨리 풀수 있을 것이다. 집중하는 것을 배워라. 이런 종류의 집중은 새로 발견한 내면의 힘과 직감을 강화하고 증가시킬 것이다. 논리적인 생각은 이런 새로운 생각과 아이디어와 싸울 테지만, 결국에는 당신의 직감이 승리할 것이다.

또한 생각은 직감에 귀 기울이는 당신의 능력이 줄어들게 한다. 자신의 생각을 통제하는 것은 직감에 족쇄를 채우는 것과 같다. 매우 영향력 있고 카리스마를 지닌 사람들은 생각을 통제하고 명령하는 데 통달했다. 이들은 부정적인 생각보다 긍정적인 생각에 더욱 집중하는 능력이 있다. 내면의 소리와 직감을 갖는 것은 용기와 자신감을 줄 뿐만 아니라 무엇이든 맞설 수 있는 직감을 준다.

바로 지금 현실적으로 자신을 바라보라. 당신은 어디에 있기를 원하는가? 지금 있는 곳이 당신 생각의 총합이 된다. 당신의 생각은 무의식적인 생각을 프로그래밍하며, 이것은 당신이 직감을 사용하도록 돕는다. 생각의 통제는 순간적으로 올 수도 있고 며칠, 몇 주, 아니면 더 오래 걸릴 수도 있다. 그럼에도 불구하고 당신의 잠재의식은 해결책을 계속 찾는다. 카리스마를 지닌 사람은 이런 정신적인 훈련을 매일 한다. 반면에 대부분의 사람들은 위대한 잠재력을 무시한다. 이들은 이 모든 것을 전에 들어 본 적이 있다고만 한다.

◖•• 맹점

우리는 모두 직감의 힘을 들어 본 적이 있다. 빠르고 좋은 결정을 하는 능력과 성공 사이에는 직접적인 관계가 있다. 맹점은 우리 자신을 예측하거나 자신의 직감에 귀 기울이려 하지 않는다는 것이다. 첫 번째 어려움은 직감에 귀 기울이려고 몇 번이나 시도했지만 우리에게 잘 작용하지 않는다는 것인데, 그래서 우리는 조금 두려워한다. 한 번에 잘되지 않기 때문에 우리는 절대 되지 않는다고 치부해 버린다. 두 번째 어려움은 직감이 조금 감상적으로 들린다는 것이다. 우리는 "정말 그렇게 쉬울 수 있어?"라고 자신에게 묻는다. 혹은 타인을 위한 것이라고 생각하지만 나 자신을 위해서는 아니라고 생각한다. 자신을 믿으면 직감이 작용하고 이는 카리스마의 중요한 기반이 될 것이다.

 적용

다음의 네 단계는 내면의 소리와 직감에 귀 기울이도록 도와줄 것이다.

1. 생각하면서 혼자 있는 시간을 갖는다. 마음을 비우고 순간에 집중하는 것을 배운다. 그러면 외부의 소음과 내적 대화가 당신 내면의 소리를 흘려보내지 않을 것이다.

2. 자신의 태도에 주목한다. 태도는 기대에서 나온다. 직감이 당신을 옳은 길로 인도하고 이끌 것이라는 자신감을 가지고 기대하는 것을 배운다.

3. 듣고 따른다. 감정, 직감, 충동이 생기면 행동한다. 이해되지 않을 수 있겠지만 그러한 소리를 따르고 그것이 어떻게 당신과 의사소통하는지를 배운다.

4. 연습하고 완벽하게 한다. 직감을 통달하는 것을 배우는 데는 시간, 에너지, 연습이 필요하다. 작은 것부터 시작하고 직감의 적용을 쌓아 간다.

월트 디즈니Walt Disney는 디즈니랜드를 세워야겠다는 직감과 영감이 있었다. 그는 회사의 창작물을 바탕으로 한 독특한 놀이공원이 어른과 아이들 모두를 끌어들일 것이라는 직감이 있었다. 그에게는 그만두라고 이야기하는 수천 명과 함께 그만둘 수천 가지 이유가 있었다. 하지만 그는 직감을 따랐으며 내면의 소리를 듣고 타인의 비판을 듣지 않았다. 디즈니랜드는 굉장한 성공을 거뒀고, 디즈니랜드와 같은 놀이공원이 이어서 문을 열기 시작했다.

후에 디즈니는 EPCOTExperimental Prototype Community of Tomorrow를 세울 생각에 이끌리고 명감을 받게 되었다. 그것은 국제적인 문화와 기술적인 혁신에 공헌하는 공원이다. 모든 사람들이 하지 말라며 충고했고, 왜 그것이 좋은 아이디어가 아닌지(디즈니랜드에 대해서 말하듯) 여러 가지 이유를 들었다. 하지만 그는 꿈이 있었고 옳은 일이라고 생각했으며 추진할 의지와 용기가 있었다. 디즈니는 쉬운 길을 택하고 비판에 따를 수 있었으나 그의 직감이 계속해 나갈 수 있는 원동력이 되었으며, 마침내 그는 해냈다.

직감을 숙련하는 가장 쉬운 방법은 하루 중 시간을 정해(보통 아침이 좋다) 가장 힘든 도전을 생각해 보는 것이다. 자신의 생각을 듣는 법을 배워라. 직감에 따르고 도전을 풀어 가라. 더 많은 경험을 얻고 직감을 듣는 법을 배우며 직감을 믿을 때 그 과정이 더욱 쉬워지고 자연스러워진다. 열린 마음을 유지하고 이런 기술을 연습하라. 자신에게 가장 잘 작동하는 기술과 과정을 찾아라. 얼마나 과정이 잘 작동되는지 알 수 있는 즉각적인 피드백을 받을 수 있도록 배워라. 자신의 결과를 예상해 보고 지금 바로 연습하여 직감에 귀 기울여 보자.

자신의 직감에 점수를 매겨 보자.
점수를 275쪽에 적는다.

0	1	2	3	4	5	6	7	8	9	10
매우 약함		약함			보통			강함		완벽함

목적
무한의 욕구로 다가가기

사명을 발견할 때 당신은 그 요구를 느낄 것이다.
그것은 열의와 불타는 열정이 채울 수 있도록 작동한다.
― W . Clement Stone

많은 사람들이 목적과 감정을 혼동한다. 감정은 지속적으로 변한다. 진정한 목적이 있을 때 더 많은 사람을 끌어들이고 영향력을 끼칠 뿐만 아니라 당신의 목적이 그들을 이끈다. 목적은 카리스마가 넘쳐흐르게 한다. 스스로 방향성을 가지지 못하면 타인을 이끌고 그들에게 영향력을 끼치기가 매우 어렵다.

우리 모두는 우리 안에 위대함뿐만 아니라 인생을 설계할 수 있는 능력도 가지고 있다. 각자가 자기 안에 기록되지 않은 책, 시작되지 못한 사업, 훌륭한 아이디어, 위대한 발명, 자선을 지원하는 아이디어,

지지를 위한 훌륭한 대의가 있다고 여긴다. 그러나 대부분의 사람들은 자신의 목적을 확인하는 방법을 알아 가는 데에도 힘든 시간을 보낸다. 당신의 목적은 무엇인가? 당신의 운명은 무엇인가? 당신의 관심과 재주, 재능은 어디를 향하고 있는가? 인생에서 당신의 사명은 무엇인가?

어떤 사람들은 매일의 선언이 자신의 목적을 만들어 가게 하며, 실제로 그 꿈을 이루게 한다고 말한다. 명저에서는 "당신이 무언가를 믿고 원한다면 우주 만물이 당신에게 보상을 할 것"이라고 말한다. 나는 자기 선언과 매력이 성공 공식의 일부이며 당신의 목적에 다가간다는 데 동의한다. 그러나 그 공식에는 더 많은 것들이 있다. 자기 선언은 당신이 지속 가능할 수 있도록 돕지만 계획 및 구체적인 지식, 기술과 연결되어야 한다.

목적에 다가갈 때 인생은 더 쉽고 재미있을 것이다. 당신은 아침에 일어나 고대하던 것을 발견할 것이고 결코 두렵지 않을 것이다. 목적을 만들 때 꿈의 그릇을 확인하라. 그리고 자신을 흥분시키는 것과 늘어지게 하는 것을 찾아라. 자신의 목적이 즉각적으로 드러나지 않는다 하더라도 낙담하지 말라. 이는 당신이 왜 열정을 추구하지 않는가를 알려 줄 수 있다. 진정한 목적을 찾고 따른다면 성취할 수 있는 성공에 이를 것이다. 상처와 패배뿐만 아니라 승리도 즐길 것인지는 자기 스스로 결정해야 한다. 자신의 인생은 자신이 책임지는 것이다. 어떻게 살아갈 것인가는 스스로 결정할 일이고 온전히 혼자의 문제이다.

주의해야 할 점은, 당신이 목적을 추구할 때 주변 사람들이 당신의 꿈을 조롱하고 비하할 수 있다는 것이다. 그들은 당신의 생각이 비현실적이고 황당하며 무책임하다고 말할 것이다. 성취하기를 바라는 것을 타인에게 드러내면서 목적을 밝히지만 그는 의욕을 꺾어 버린다. 영향력, 성공, 카리스마를 지닌 사람들도 의욕을 꺾는 이야기를 했던 수많은 사람들의 이야기를 알고 있다고 한다. 이러한 경험은 목적이 당신 안에서 가장 큰 에너지와 상상력을 촉발하도록 이끌 것이다. 유전을 발견한 것처럼 전보다 더 큰 생산성의 급증을 경험할 것이다.

맹점

우리가 진정한 목적과 잠재력을 이해하려고 할 때, 사회는 우리로 하여금 큰 맹점을 만들어 내게 한다. 대부분의 사람들은 인생에서 목적을 발견하지 못한다. 우리는 자신의 목표를 위해 일하거나 타인의 목표를 위해 일하기도 한다. 우리는 목표와 꿈을 빌리고 타인과 사회로부터 목적을 대여하기도 한다.

자신의 목적과 열정을 발견하고 타인이 당신의 강렬한 눈빛을 볼 때 진정한 영향력과 카리스마가 나온다. 당신에게 카리스마가 생기면 다른 사람들은 그 목적에 완전히 매료된다. 그러므로 지금이 당신의 목적에 다가가야 할 때이다.

적용

당신의 목적을 알고 있는가? 당신 안에 어떤 위대함이 자리 잡고 있는지 정확히 알고 싶은가? 당신이 나아가야 하는 방향에 대해 더 확신이 드는 감정을 갖고 싶은가?

이런 질문에는 생각과 명상이 조금 필요하다. 그 답은 바로 나올 수도 있고 하루, 한 주, 또는 몇 달이 걸릴 수도 있다. 다음 질문에 답해 보라.

- 당신이 성공할 것임을 알고 있다면—실패하지 않을 것임을 알고 있다면—즉 보장된 성공이 있다면 당신은 무엇을 하겠는가? 노력하겠는가? 어떻게 하겠는가?
- 마술처럼 지금 한 가지를 즉시 바꿀 수 있다면 무엇을 바꾸겠는가?
- 당신은 재정적으로 자립하여 더 이상 열심히 일할 필요가 없고 돈을 벌거나 매달 날아오는 청구서를 걱정하지 않게 되었다. 어떻게 시간을 보내겠는가?

사례

목적에 다가가고 그것을 확장한 사람은 마틴 루터 킹Martin Luther King

이다. 그의 인생과 사명은 수백만 명의 인생을 바꿨다. 자신의 사명에 전념했을 때, 그는 결과에 상관없이 자신이 어디로 가야 할지 그리고 어떤 일을 할 운명인지 알고 있었다.

1968년 4월 3일, 테네시 주의 멤피스에서 마틴 루터 킹은 유명한 말을 했다. 연설을 하기에 앞서 그는 목숨을 위협받았다. 연설 도중 그는 다음과 같이 말했다.

"우리는 이미 힘든 나날을 살아왔습니다. 그러나 지금 그것은 나에게 중요하지 않습니다. 왜냐하면 나는 산꼭대기에 있기 때문입니다. 나는 꺼리지 않습니다. 나 역시 오래 살고 싶습니다. 하지만 나는 걱정하지 않습니다. 하나님의 의지대로 하기를 원합니다. 그분은 내가 산에 오를 수 있도록 허락하셨습니다. 나는 살펴보았고 약속의 땅을 보았습니다. 나는 여러분과 함께 그곳에 없을지도 모릅니다. 그러나 오늘 밤 우리가 약속의 땅에 다다를 것이라는 사실을 알기 바랍니다. 오늘 밤 행복하군요. 나는 아무 걱정도 없습니다. 누구도 두렵지 않습니다. 내 눈은 주님의 재림의 영광을 보았습니다."

역사적인 이 연설은 그의 운명을 말해 준다. 그는 자신의 목적을 찾아 다가갔다. 다음 날 그는 숙소 밖에서 암살당했다. 그의 예언은 현실이 되고 말았다.

카리스마 법칙

목적에 다가가고 조율할 때 몇 가지 위기에 직면할 수 있다. 때때로 우주는 당신의 목적이 희미한 희망인지 진정 불타는 열망인지 알아보기 위해 당신을 시험해 볼 것이다. 당신은 목적에 다가가기 위해 한 걸음 더 가까이 내딛으면서 길 위에 놓인 모든 장애물과 문제를 바라본다. 이러한 문제가 당신을 성장한 사람 혹은 후퇴한 사람으로 만드는가? 당신이 인생에서 직면하는 모든 문제와 장애물은 인생이나 성공에 사용할 수 있는 학습 경험이 될 것이다. 이러한 결정적 순간과 부딪힐 때 그것은 당신에게 끊임없는 정신적 고통을 주지만 당신의 목적에 다가갈 수 있게 한다. 이제 문제에 직면할 때 낙관주의를 지니고 맞서라. 그리고 "나는 무엇을 배워야 할까?"라고 자문하라.

자신의 목적에 점수를 매겨 보자.
점수를 275쪽에 적는다.

0	1	2	3	4	5	6	7	8	9	10
매우 약함		약함			보통			강함		완벽함

진실성
성격이 중요하다

당신의 무기고에서 가장 중요한 설득 도구는 진실성이다.
— Zig Ziglar

'integrity(진실성)'의 어원은 라틴어 *integritas*'이다. 이는 '순수성, 정확성, 건전성, 흠이 없음'을 의미한다. 그리고 당신의 가치와 행동 사이, 당신이 믿는 것과 실제로 행하는 것 사이의 일치성으로 정의된다. 타인에게 영향력을 미치고 카리스마를 향상하고자 할 때 당신은 진실성을 발산한다. 사람들이 당신이 말하는 것을 믿고, 당신이 말하는 것을 행동할 것이라는 사실을 알고 느껴야 한다. 누구나 정직하고 신실한 사람 곁에 있고 싶어 한다. 당신의 진실성에 다가가기 위한 첫 번째 부분은 자기 자신과 가치 그리고 자기를 잘 나타낼 수 있는 것을 정확히 아는 것이다.

당신은 정말로 무엇을 믿고 무엇을 가감 없이 드러낼 것인가? 자신이 내린 결론을 강제할 수 있을 정도의 개인적인 강한 신념을 가지고 있는가? 당신이 진실성을 보여 줄 때 사람들은 가치와 신념을 알게 된다. 때때로 우리의 신념과 열망 사이에서 갈등이 생긴다. 진실성은 무엇이 옳은지에 따라서 어느 것이 성공할지를 확증해 준다. 상황이 긴장되고 감정적이기 전에 순수한 진실성은 기본 규칙을 세우도록 돕는다. 그것은 당신이 누구인지, 그것이 일어나기 전에 주어진 상황에 어떻게 반응할지를 결정짓도록 만든다.

영향력을 발휘하는 순간에 당신이 어디에 있는지 혹은 무엇을 믿는지 아무도 모를 때 흐려진다. 이것은 오히려 갈등, 우유부단, 저항을 불러일으킨다. 진실성은 하루아침에 만들어지지 않는다. 영향력은 당신이 시도했던 사람들로부터 한순간에 인식되지 않는다. 그것은 당신의 역사, 정직, 공정, 그리고 손상되지 않은 판단력의 조합이다. 진실성이 갖고 있는 문제는 그것을 형성하는 데 시간이 걸린다는 것이다.

멋진 진실성을 갖는 것은 당신 성격의 일부이다. 성격은 정직, 신실, 예측 가능성과 같은 자질로 이뤄져 있다. 믿을 수 있는 성격과 진실성은 성공을 위한 자신의 능력 가운데 매우 기본적인 부분이다. 미심쩍은 도덕, 동기, 행동으로부터 성공이 이뤄진다면 그것은 멋지지도 않고 오래 지속되지도 않을 것이다. 당신이 멋지고 정직한 사람일지라도 사람들은 본래의 사실에 기반하지 않은 포괄적인 판단을 하고 의견을 마구 쏟아낸다. 이것이 인간의 본성이다. 그러므로 정말로 신뢰와 진실성이 지속되기를 원한다면, 신뢰적이지 못하거나 도덕적이지 못하다고 여겨지는 것을 피해야 한다.

많은 기업들이 사명에 진실성이라는 단어를 포함하고 있다는 사실이 흥미롭지 않은가? 많은 기업들이 진실성의 부족으로 문을 닫는다는 것 또한 흥미롭지 않은가? 문을 닫는 기업은 대개 내부 진실성의 부족 때문이지 외부 시장의 힘이 작용해서 그런 것이 아니다. 역사적인 사례로 중국의 만리장성을 들 수 있다.

중국 사람들은 진실성을 느끼고 싶었고 완전한 보안을 원했다. 그래서 그들은 아무나 위에 오를 수 없는 크고 인상적인 벽을 만들었다. 아무도 그 벽을 부수거나 뚫을 수 없었다. 만리장성은 4,000마일의 길이에 최대 25피트 높이, 15~30피트의 폭으로 만들어졌다. 그러나 처음 100년 동안 그 벽은 적군의 침입을 막지 못했다. 왜 그랬을까? 진실성에 대한 성안 사람들의 믿음이 부족했기 때문이다. 문지기가 적에게 매수되어 적군이 무사히 통과할 수 있었던 것이다.

◖•• 맹점

진실성이란 인식을 만드는 것은 많은 사람들에게 골칫거리이다. 대개는 어떻게 이 부분을 타인에게 전달해야 할지 모르기 때문이다. 자기 자신에게 충분한 진실성이 있다고 보고 꽤 괜찮다고 생각하거나 혹은 타인이 진실성을 지니고 있어야 한다고 보는데, 그렇다고 여기저기 절차를 무시하는 것은 바람직하지 않다. 이런 식은 진실성의 개인적인 토대를 무너뜨릴 것이다. 카리스마가 있으려면 모든 상황 속에서도 자신을 정확하게 안내해 줄 내적인 안내 체계에 다가가야 한다. 그것은 진실성에 기반한 사고와 감정을 안내해 줄 나침반이다. 진실성의 토대를 지니고 믿을 때, 신념과 가치에 기꺼이 함께할 때, 의사 결정을 하고 방향을 정하기가 훨씬 더 쉬워진다.

적용

당신의 가치는 무엇인가? 당신은 정말로 무엇을 믿고 있는가? 가치에 다가가는 열정과 진실성은 타인에게 영향을 미칠 수 있는 능력을 증가시킨다. 자신의 가치를 알지 못하고 타인과 그것을 나누지 못한다면 당신은 어느 누구에게도 영향력을 미칠 수 없고 고취할 수 없을 것이다. 당신이 여기에 다가갈 수 있도록 도울 몇 가지 제안이 있다. 가치를 발견하고 그러한 가치에 맞춰 사는 방법은 다음과 같다.

- 가치의 정의를 적어 본다.
- 진정한 믿음에 대해 생각해 보고 반영하는 시간을 갖는다.
- 존중하는 사람을 찾고 그들의 가치를 정의해 본다.

- 존경하는 역사 속 인물을 찾아 그들의 가치가 자신의 가치에 부합되는지 확인한다.
- 자신이 말하는 모든 것에 부응한다.
- 상처를 줄지라도 진실을 말해야 한다.

사례

진실성의 좋은 사례는 밋 롬니Mitt Romney이다. 그는 2002년 동계 올림픽에서의 공로를 인정받았다. 그는 재정 위기의 순간을 전환하고 2002년 올림픽에서도 재정적 성공을 이뤄 냈다. 더 중요한 것은 그가 미국올림픽조직위원회의 손상된 명예를 회복시켰다는 것이다. 이전의 올림픽위원회는 뇌물로 얼룩져 있었다. 비윤리적인 일이 발생하여 올림픽 게임의 신뢰도를 무너뜨렸다. 미국인들은 분노했고 심지어 많은 사람들은 동계 올림픽 TV 시청을 하지 않을 것이라고 했다.

이때 밋 롬니는 진실성과 정직함으로 상황을 호전시켰다. 그는 솔직 담백하게 자신의 가치를 고수해 나갔다. 그는 무슨 일이든 숨기거나 감추려 하지 않았다. 결과적으로 그는 정직한 사람이고 그의 성숙됨을 느꼈다고 미국인들은 말한다. 그는 올림픽과 올림픽위원회에 대한 자신감을 회복시킬 수 있었다.

앞으로 할 예정이라고 말한 것을 오늘(그리고 매일) 하라. 진실성을 당신이 알릴 필요는 없다. 종교인이 자신의 종교를 전파할 때 우리는 예의 주시한다. 타인과 약속을 할 때 그 약속이 당신에게는 사소한 것일지라도 타인에게는 중요한 것일 수 있다. 그러니 약속을 지켜라. 그리고 자신의 실수를 인정하라. 우리는 완전할 필요가 없지만 노력하여 진실성을 쌓아라. 사람들은 당신의 실수와 약점에 대한 솔직함을 오히려 고마워한다. 그들이 당신을 부르지 않는 경우가 발생할지라도 그들은 주시한다. 오늘은 과거(또는 현재)의 실수를 인정하고 존중함을 보아라. 그러면 당신의 진실성이 상승할 것이다.

자신의 진실성에 점수를 매겨 보자.
점수를 275쪽에 적는다.

0	1	2	3	4	5	6	7	8	9	10
매우 약함		약함			보통		강함			완벽함

용기
당당히 참여하라

승리를 위해 당신 자신을 잃을 위험을 감수해야 한다.
— Lance Armstrong

‘courage(용기)’의 라틴어 어원은 ‘마음, 용기, 의지, 정신’을 의미한다. 자신의 목적을 알 때 그것을 추구하기 위한 용기가 필요하다. 때때로 길에서 벗어나 나무와 충돌할지라도 당신은 올바른 길을 가고 있다는 것을 알기에 용기의 일부는 당신의 마음을 따르고 있다. 전반적으로 사소한 걸림돌과 상관없이 당신이 올바른 방향으로 나아가고 있다는 것을 알고 있다. 아리스토텔레스가 “용기는 인간의 첫 번째 미덕이다. 용기는 다른 미덕까지도 가능하게 만든다.”라고 말하지 않았던가.

우리는 위협이나 신체적 피해의 가능성이 있을 때 용기를 떠올린다. 개개인이 위협에 직면하면 용기가 필요하지만, 용기는 당신의 관점이 타인에게 영향력을 미치도록 하는 데 필요한 속성일 수 있다. 상황이 좋지 않더라도 사람들에게 당신이 용기를 가지고 있다는 것과 당신이 선언한 것에 대해 정말로 해내고자 하는 마음이 있다는 것을 알려라. 용기는 카리스마의 한 부분이다.

타인의 약점과 난제에 대해 이야기를 나누려면 용기가 있어야 한다. 누군가의 잘못을 바로잡기 위해 불편하고 어색한 대화를 시작하려는 용기가 필요하다. 문제가 쉽게 해결될 희망이 없을 때는 대립할 용기를 가져야 한다. 도움을 주기가 편하지 않을 때, 도움을 필요로 하는 사람을 돕는 것은 또 다른 형태의 용기이다. 정말로 카리스마가 있는 사람은 그 위험을 감수할 것이다. 그들은 미지의 세계로 모험을 떠나며 사람들의 희망을 앗아 가는 어려움과 맞선다. 카리스마가 있는 사람은 필요한 것과 올바른 것을 해낼 용기가 있다.

용기를 가지는 것(혹은 용감한 것)이 두려움을 느끼지 않는다는 것을 의미하지는 않는다. 이는 두려움에 맞서서 필요한 것을 해 보려는 마음과 정서적 안정성이 있다는 것을 말한다. 이것은 자신에 대해 — 자신이 누구이며, 무엇을 할 수 있는가 — 알아 가는 과정이다. 자신의 약점을 확인하여 습관을 수정하고 태도를 고치려면 용기가 필요하다. 타인의 비난 대상이 될 수 있다는 것을 알더라도, 용기는 자신을 돕고 타인이 더 잘될 수 있도록 성장하는 데 필요하다. 두려움에 직면하는 것은 재미있는 일이 아니다. 실패에 대한 마음을 열어 두고 싶지 않겠지만 이곳은 용기가 들어오는 곳이기도 하다. 두려움과 실패는 성공의 모든 것과 관련되며 더 성공하기 위해서는 더욱더 실패와 직면해야 한다. 이러한 내면의 힘을 키워 나갈 때, 당신은 두려움과 실패의 가능성을 인정하며 카리스마에 다가간다.

두려움에 직면하는 것은 한발 다가서서 힘든 결정을 내리는 것을 의미할 수 있다. 이런 힘든 결정을 내릴 때 당신은 모든 사람의 존경을 받을 수 있다. 용기라는 이름은 힘든 시기에도 계속해 나갈 수 있는 확신을 준다. 고집스러운 자세에 대해 말하는 것이 아니다. 때때로 용기는 자신의 잘못을 인정하고 앞으로 나아가는 것을 말한다.

마음과 용기, 이 두 가지를 위한 힘을 찾을 필요가 있다. 첫째, 타인을 비난하는 것을 멈춘다. 타인을 비난하지 않는 것은 용기를 더하는 것이다. 물론 타인을 비난하기는 쉽지만 지금은 책임 의식을 가져야 할 때이다. 타인, 사건, 혹은 상황에 대해 비난한다면 당신이 느끼는 수치심과 죄책감이 완화될 수 없다. 비난이 상황을 좋게 만들 것이라는 명백한 위안으로 당신 자신을 속이지 말라. 인생의 모든 부분에서 온전한 책임감을 지니면 용기가 커질 것이다.

둘째, 실패를 받아들여라. 걸림돌을 어떻게 다룰 것인가? 실패는 당신을 일으켜 세울 수도 있고 주저앉힐 수도 있다. 당신은 어떠한 것도, 심지어 실패도 다룰 수 있다. 무한의 용기로 키워 나갈 수도 있다. 자신의 마음에 따라 목적에 다가갈 때 작은 실패는 아무런 영향을 미치지 않는다. 결함과 실패는 큰 차이가 있다.

실패는 실수로부터 배우지 않는 것과 자신의 미래를 위해 투자한 경험을 활용하지 않는 데 그 원인이 있다. 부정적이고 나쁜 상황은 일어나게 마련이지만 그 사건의 전환을 어떻게 다룰 것인가가 더 중요하다. 그러한 경험으로부터 당신은 무엇을 배웠는가? 더 큰 용기를 키워 나가기 위해 그것을 어떻게 활용할 것인가?

● 맹점

초기의 모험가는 흔히 비난을 받는다. 하지만 그들은 발견 혹은 승리에 대해 칭찬받기를 원한다. 용기는 승리에 앞서 몇 번의 실패를 거듭할 것을 알고 그것을 받아들이는 것이다. 승리로 향해 가는 길 위에서 비난을 받아라. 넘어지는 것이 승리라는 사실을 간과하는 것은 맹점이 된다. 우리는 자칫 실패할지도 모른다는 부담감 때문에 새로운 것에 도전하지 못한다. 걸림돌에 넘어지고 고통받을 때 계속해 나가는 용기가 필요하며, 이것은 패배의 쓰라림 후에도 앞으로 계속 나아가는 데 필수적이다. 걸림돌에 걸려 넘어질 때마다 승리에 더 가까워지고 있다는 사실을 깨달아라. 일시적인 실패일 뿐 영원한 실패는 아니다.

적용

　어떻게 용기를 적용할 것인가? 어떻게 당신의 마음을 따르도록 하겠는가? 그 일을 하고 싶지 않을 때, 그리고 두려움이 당신의 얼굴에 가득 나타날 때 어떻게 해낼 것인가? 다음은 이럴 때 해 볼 수 있는 몇 가지 사항이다.

- 자신이 용기를 발휘하고 올바른 것을 해냈던 때를 기억해 본다.
- 자신의 강점과 과거의 성취에 대해 생각해 본다.
- 작은 위험을 감수하고, 일어날 수 있는 가장 최악의 상황은 무엇인지 자문해 본다.
- 시각화한다. 그것을 해내는 자신의 모습을 볼 때 실제로 그것을 하기가 더 쉽다.
- 사람들이 어떻게 용기를 내고 힘든 문제를 해결하는지 지켜본다.
- 언제 도움을 요청해야 할지 파악한다.
- 좌절과 실패 후 자신에게 물어본다. "나는 무엇을 잘했고, 무엇을 더 잘할 수 있는가?"

사례

용기가 부족하여 옳은 일을 할 수 없었던 수많은 사례가 있다. 많은 사람들이 자신의 꿈을 추구할 용기가 없거나 너무 빨리 포기해 버린다. 꿈과 포부, 목표를 가진 사람을 생각해 보라. 그것이 사라질 때 그의 열정이 사라지는 것을 볼 수 있다.

오빌 라이트Orville Wright와 윌버 라이트Wilbur Wright는 꿈을 꿀 용기와 그 꿈을 추구할 마음을 가지고 있었다. 대중의 조롱을 견뎌 낼 배짱도 있었다. (많은 사람들이 목격한) 실패한 비행 실험 직후 오빌은 다음과 같이 썼다. "공기보다 비중이 큰 항공기가 가능할지 잘 모르겠다. 하지만 그 아이디어가 옳다는 것을 증명하는 데 내 인생을 바치겠다." 그 뒷이야기는 다들 알 것이다. 라이트 형제가 생각했던 것을 하는 데에는 용기가 필요했다. 이들은 내면의 목소리에 따라 용기를 내어 여행계를 바꿨다.

카리스마 비결

용기에 대해 이야기 나누고 용기를 갖기를 바라는 것만으로도 훌륭하다. 하지만 용기의 수준을 찾고 유지하기 위해 우리는 무엇을 할 수 있는가? 마음속에 굴러다니는 이 모든 두려움을 가지고 무엇을 할 것인가? 어떤 두려움이 당신을 가로막는가? 두려움과 용기 부족은 카리스마를 만들지 못한다. 당신을 인질로 삼았던 오랜 두려움, 과거의 경험을 당신은 왜 알지 못하는가? 당신은 맞서야만 한다. 두려움과 맞서는 상황을 의도적으로 만들어 볼 필요가 있다. 두려움에 직면할 때, 두려움이 그리 나쁜 것만은 아니라는 용기가 나오게 마련이다. 두려움은 우리의 과장된 의심 혹은 비현실적인 인식에서 비롯된다는 것을 기억하라.

바로 지금 당신을 저지하는 어떤 두려움을 선택하라. 그리고 오늘 맞서 볼 것을 권한다. 두려움에 맞서라. 당신이 만든 속박으로부터 자유로워져라. 그리고 전염성 있는 용기를 키워 나가라.

자신의 용기에 점수를 매겨 보자.
점수를 *275쪽에* 적는다.

0	1	2	3	4	5	6	7	8	9	10
매우 약함		약함			보통			강함		완벽함

창의성
상상력 키우기

상상력은 지식보다 더 중요하다.
— Albert Einstein

어느 누구도 자기 안의 창의력을 활용하지 않고서는 성공할 수 없다. 사람들은 자신의 창의적 잠재성과 주변 사람들의 잠재성을 과소평가하는 경향이 있다. 카리스마가 있는 사람으로서 난제를 풀려면 공동으로 참여하고 창의적인 힘을 결합해야만 한다. 창의력은 지략적이고 상상력이 풍부한 것이다. 낡은 문제나 새로운 문제를 해결하기 위한 신선한 아이디어를 도출해 내는 능력이다. 창의력을 활용할 때, 현존하는 체계를 발전시키기 위해 새로운 방법과 실행을 찾을 수 있다. 주변 사람들의 창의력을 활용할 때, 당신의 목표에 새로운 흥밋거리와 미래에 대한 더 많은 흥분거리를 만들 수 있다.

창의적인 것은 낡은 아이디어, 새로운 아이디어와 상상력을 취하고 문제 해결을 위한 조합을 만들어 내는 것이다. 그것은 관련되지 않은 사고나 아이디어를 취하고 창의적 해결책을 만들어 내는 것으로 이뤄진다. 사람들은 동일한 정보에 접근하지만 새로운 방식으로 정보를 보고 조직하거나 조합할 때 창의력을 꽃피우게 된다. 사람들을 주저하게 만드는 것은 그들이 해결하고자 하는 문제의 부정적인 측면에 대한 주목이다. 그들은 해결책을 놓쳐 버려 실수하는 것이나 제대로 하고 있는지에 대해 너무 많은 걱정을 한다. 당신이 꿈을 꿀 수 있다면, 상상할 수 있다면, 또 기대할 수 있다면 창의적일 수 있다.

자신의 창의력을 활용할 때 혹은 주변 사람들이 창의적일 수 있도록 개방을 허용할 때, 창의적 해결책으로 가는 문이 열릴 것이다. 당신은 더욱 카리스마가 생긴다. 당신과 주변 사람들은 집단에서 올바른 답을 찾게 되는데, 그 답은 한 개인에 의해 발견되는 것이 아니다. 창의적인 사람은 더 많은 성공을 경험하게 되고, 변화에 더 개방적이며, 가장 큰 걸림돌에서도 기회를 찾는다. 그들은 새로운 가능성을 생각하고, 더욱 통제하며, 결과와 문제점에 더 많은 시간을 들인다. 창의적인 사람은 우리 주변에 있다. 카리스마가 있는 사람의 임무는 창의적인 사람이 되는 것과 타인이 창의적일 수 있도록 권한을 부여하여 그들이 창의력으로 안정감을 느끼도록 돕는 것이다.

창의력을 활용한다고 해서 갑자기 업무를 훌륭히 해내고 세상의 모든 문제를 다 해결하지는 못한다. 창의력은 불붙고 있는 불꽃과 같다. 틀린 것도 기꺼이 해 보려는 마음, 실험해 보려는 욕구, 실패에 맞서서 용기를 가져 보는 것은 창의력을 유지할 수 있는 모든 구성 요소이다. 창의력은 현재 상태에 결코 만족하지 않는 것이다. 그리고 적시에 "왜?"라고 기꺼이 물어보는 것이다. 창의력을 위한 분위기를 만들고 어떠한 아이디어라도 무시해서는 안 된다. 새로운 아이디어에 항상 열의를 보이고 기꺼이 해 보려는 자세를 혁신적으로 생각하라.

대체로 사람들은 문제를 일으키기를 원치 않기에 창의적이길 바라지 않는다. 그리고 "그것이 효과가 없다면 어떨까?" 하고 질문한다. 우리는 누구나 계획이 잘 진행되기를 바란다. 어떤 언급이나 제안을 하기 전에 타인이 생각하는 바를 알거나 결과를 보고 싶어 한다. 게임에서 이기기 위해서는 값을 지불하고 결과에 직면해야 한다. 당신이 창의적일 때, 사람들이 싫어하는 일을 할 때, 도로의 장애물과 부딪히게 될 것이다. 하지만 그 장애물을 통과하지 못한다면 종착역에 다다르지 못할 것이다. 최고의 연주가는 창의적인 변화야말로 타인에게 영향을 끼치는 능력이며, 장기적인 카리스마를 만들어 내는 성공의 열쇠라는 것을 알고 있다.

🌑•• 맹점

창의력에 대한 자각의 편견은 '나는 창의적이지 못해' 혹은 '창의력은 습득될 수 없다'는 고루한 생각에서 비롯된다. 창의력은 이 책에서 언급하는 기술 및 속성과 같은 것이다. 모든 사람들이 배울 수 있고 숙련할 수 있는 것이다. 과거의 노력은 중요하지 않다. 다시 노력하고 이번에는 더 열심히 해 볼 것을 권한다. 창의력은 마음을 열고 덜 침울하게 함으로써 많은 해결책을 찾아내게 한다. 매우 창의적인 사람과 자신을 비교하든지 더 창의적인 사람이 되기를 희망하든지 그것은 중요하지 않다. 창의력은 몇몇 사람에게만 있거나 없는 마법의 뇌 영역에서 나오는 것이 아니다. 이 기술은 습득될 수 있다. 창의적 해결책을 위해 자신의 마음을 신뢰하라.

 적용

지금 바로 더 창의적이 될 수 있는 6단계는 다음과 같다.

1. 각각의 어려운 문제에 대해 적어도 다섯 가지 해결책을 찾아보려고 노력한다. 이러한 노력은 당신을 창의적으로 만들고, 모든 문제에 하나의 해결책만 있지 않다는 것을 이해하게 된다.
2. 해결책을 찾기 위해 그룹의 시너지 효과와 에너지를 사용한다. 사람들의 경험, 교육, 사고 과정이 다른데 이 모든 것을 사용해야 한다.

3. 어떤 제안이나 아이디어를 소홀히 하지 않는다. 물론 몇 가지 제안은 덜 이상적일 수도 있지만, 그룹을 통해 문제를 해결하기 위한 아이디어를 만들고 변경하고 미세하게 조정할 수 있다.

4. 자신의 잠재의식에 자신감을 갖는다. 자기 자신과 사고에 대해 신뢰하고 혼자만의 시간을 갖는다면 자연스레 답이 떠오를 것이다.

5. 스토리, 은유나 비유 말하기를 연습한다. 무작위로 어떤 주제를 정해 두고 스토리, 은유, 비유를 사용할 수 있는 주제를 던져 사람들에게 제시해 줄 수 있는 다양한 방법을 떠올린다. 이는 창의성이라는 근육을 연습시키는 방법이다.

6. 해결책에 대해 인내심을 갖는다. 해결책을 찾기까지 예상보다 시간이 오래 걸릴지도 모른다. 하지만 완벽한 해결책은 기다릴 만한 가치가 있다.

사례

헨리 포드Henry Ford는 창의성의 좋은 사례이다. 그는 항상 개혁하고 일반적으로 받아들여지지 않는 사안이나 절차를 생각하는 사람이었다. 그는 매우 활기 넘치는(때로는 기상천외한) 상상력을 지닌 사람으로도 알려졌다. 그는 무려 161개의 미국 특허를 가진 대단한 발명가

였다. 자동차 조립 라인을 만들 때 그는 공장의 개념을 바꿔 기록적인 속도로 대량의 차를 생산할 수 있었으며, 이는 더 낮은 가격과 더 많은 수익을 이끌어 냈다. 근로자에게는 급여를 넉넉히 지급했고, 소비자들이 자동차를 저렴한 가격에 구입할 수 있도록 하여 놀라운 충성도를 얻었다. 그의 창의성이야말로 한 나라를 그리고 산업을 바꾸고 제조업을 바꿨다.

카리스마 비결

창의성은 새로운 아이디어를 만들어 내는 능력을 수반한다. 창의력을 숙련하려면 새로운 정보에 접근해야 한다. 신간 도서를 읽고, 교육용 CD를 듣고, 디스커버리 채널을 보고, 외국의 화젯거리 등을 챙겨라. 다른 산업 분야와 화젯거리로부터 시작하고 배워라. 마음을 자극하는 데 잡지는 훌륭한 자원이다. 아이들과 어울려라. 아이들은 자연스럽게 창의력을 발산하고 당신의 창의력까지 확장해 준다. 당신의 마음은 풍요로워지고 상상력이 더 풍부해진다. 그래서 창의력이 요구될 때 새로운 창의적인 아이디어를 떠올릴 수 있다. 오늘 큰 어려움을 해결하기 위해 열 가지의 창의적 아이디어를 브레인스토밍해 보기를 권하다.

자신의 창의성에 점수를 매겨 보자.
점수를 275쪽에 적는다.

0	1	2	3	4	5	6	7	8	9	10
매우 약함		약함			보통			강함		완벽함

집중력
활동이라고 다 같은 활동이 아니다

개미처럼 바쁘기만 하다고 성공하는 것은 아니다.
— Henry David Thoreau

성공의 큰 지표는 충동을 통제하고 방해에 저항하며 당면한 업무에 집중하는 것이다. 사람들은 집중할 수 없기 때문에 하루의 대부분을 낭비하게 된다. 현재 맡은 업무에 집중할 수 없거나 해낼 수 없다면 타인에게 영향력을 미치기 어렵다. 만약 침착하지 못한 사람이라면 체계적이지 않다는 인상을 주고 일관성 없는 의사소통이 드러나게 될 것이다. 성공한 사람은 종이에 그것을 작성하고 나서야 하루의 일과를 시작한다. 그들이 무엇을 해야 하는지, 무엇을 성취하기를 바라는지, 그리고 우선순위를 어디에 두는지, 성공 관련 서적을 보면 준비와 목표 설정은 항상 강조하여 언급되는 부분이다. 이는 당신이 더 준비되고, 더 성취하고, 초점을 두고 집중하는 능력을 만드는 데 도움이 되기 때문이다.

우리 모두에게 24시간이라는 똑같은 시간이 주어졌는데도 어떤 사람은 왜 더 성공하는 것일까? 그들은 다음과 같은 두 가지를 한다. 첫째, 대상을 두고 집중한다. 둘째, 목표를 정한다. 자신의 방향과 성취하고자 하는 바가 뚜렷하고 정확할 때 더 쉽게 집중할 수 있다. 또한 필요성을 이해할 때 더 쉽게 결정을 내리고 시간 관리를 잘할 수 있다. 만약 별로 중요하지 않은 업무에 집중하고 있다면, 그날 해야 할 가장 중요한 일이 이뤄지고 있지 않다는 것을 나타낸다. 이 부분에 대해 도움이 필요하다면 아래 네 가지 질문에 답해 보기 바란다.

- 무엇에 내 시간을 최대한 활용하며 보내는가?
- 중요하지 않은 것에 귀중한 시간을 보내고 있지는 않은가?
- 바쁜 것을 성취로 혼동하고 있지는 않은가?
- 성취하고자 하는 바를 정확히 알고 있는가?

모든 노력을 통해 성공에 이르는 사람을 보면서 당신은 주목하고 집중할 수 있는 사람을 만나게 된다. 무언가 해내야 할 때 외부를 차단하고 주목하는 능력이 시간 관리 기법인데 이는 성공으로 향하는 중요한 구성 요소이다. 우리는 싫은 것을 피하는 데 너무 많은 에너지를 소비하여 아무것도 하지 못하게 된다. 예를 들어 치과의사에게 진료를 받으러 가야 하는데 영 가고 싶은 마음이 아니라 생각만 하다가 말아 버린다. 그러나 마음 한구석에는 치과에 가야 한다는 사실이 남아 있다. 상황을 피하는 쪽으로 정신 에너지를 쏟는 것은 신체적 · 정신적 에너지를 소모시킨다. 그것에 대해 생각하지 않으려고 노력함으로써 악순환을 만들고 실제로는 더 그 사실에 주목하게 된다.

일어나기를 바라지 않는 것 혹은 잠재적 장애물에 에너지를 집중할 때, 지금 해야 할 것에 주목하기보다는 부정적인 것에 모든 에너지를 소비하게 된다. 우리는 올바른 것들에 집중하고 주목할 때 훨씬 더 빨리 성공을 이룰 수 있다. 진정한 카리스마를 보여 줄 때 타인에게 영향력을 미치기가 쉬울 것이다.

과거의 실수를 잊고 미래의 가능성에 집중하는 법을 배워야 한다. 물론 약간의 정신적 에너지와 노력이 필요하지만 노력은 인생의 중요한 기술이다. 우리는 과거를 숨기고 우리의 단점을 잊고 싶어 하지만 그것을 소유하고, 배우고, 미래에 숙련할 준비를 할 때이다. 자기 자신에 대해 정직하게 직시할 때, 정신적 설정을 재조정할 때 진정으로 집중할 수 있다. 우리를 불편하게 하는 주제와 화젯거리는 마음에서부터 거부하는 경향이 있다. 그러나 거부의 상태에서는 아무런 변화가 없다. 과거의 문제를 인식하고 직면할 때 미래의 평화를 맞이하게 된다. 평화가 더 강해지면 주목하고 집중하기가 더 쉬워진다.

맹점

하루 종일 바쁘다고 해서 어떤 중요한 것을 이루고 있는 것은 아니다. 끊임없이 활동했기에 바쁘게 보낸 날이 많다고 느끼지만 그날을 회상해 보면 아무것도 해 놓은 게 없다는 것을 알게 된다. 다음과 같은 맹점 때문에 이런 핵심 사실을 보지 못하는 것이다.

- 활동은 성과를 의미하지 않는다. 우리는 30분 걸리는 작업을 3시간 안에 끝마치려고 노력하며 시간을 낭비한다. 우리는 바쁘게 보이고 그렇게 느낀다. 하지만 진정한 집중이 부족하다.
- 가까이에 있는 업무에 집중하지 않는다. 집중력이 낮아지면 직장에서 집안일을 생각하고, 집에서 직장일을 생각하게 된다. 어디에 있든 그 위치에서 집중하라.

 적용

카리스마적인 사람들은 훌륭한 운동선수처럼 순간에 빨리 집중할 수 있다. 주목과 집중의 영역을 숙련하려면 운동선수가 경기 전, 경기 도중, 경기 후에 하는 것을 해야만 한다.

- 승리하거나 결과가 일어나기 전에 그것을 시각화해 본다.
- 부상을 당한 경우에도 지속적인 자기 훈련을 유지한다.
- 실패 후에 다시 집중하고 실수를 통해 배운다.
- 부정적인 생각을 즉시 긍정적인 생각으로 바꾼다.
- 자신의 마음 상태를 빠르게 바꿀 수 있는 능력을 지닌다.
- 심한 방해가 있을 때도 집중하는 법을 배운다.

사례

마이클 조던Michael Jordan의 집중력은 자신의 재능, 기술, 강점을 극대화했다. 그는 역사상 가장 위대한 농구 선수 중 하나이다. 그는 NBA 우승을 여섯 번 이끌고 리그의 최우수 선수로 다섯 번이나 지명되었다. 그러나 자신의 현재 기술과 수준에 만족하지 않고 기본기 연습을 게을리하지 않았다. 그는 이전의 성취에 상관없이 가장 열심히 하는 선수로 알려져 있다. 그의 위대함은 주목하고 집중하는 데 있다. 실패하더라도 그는 무너지지 않고 어떤 순간에도 다시 집중했다.

수많은 업적에도 불구하고 그는 300개 이상의 경기에서 패배했다. 흥미로운 사실은 26개의 경기 가운데 팀원들은 그만이 결승 슛을 날리기를 바랐지만 아쉽게도 모두 실패하고 말았다. 그러나 그는 노골이 되었어도 항상 다시 시도할 준비가 되어 있었다. 그의 업적을 보면 더 많은 결승 숫을 놓쳤다. 여기서 중요한 사실은 그가 실패하고도 다시 회복했다는 것과 다음의 성공을 기대하며 노력했다는 것이다.

카리스마 비결 ▶

한 번에 조금씩 주목하고 집중하기 위한 비결로 다음 두 가지 단계를 살펴보자.

- 집중하고 5분 동안 업무에 힘쓴다. 어디까지 해낼 수 있는가? 주의 산만을 피하기 위해 무엇을 해야 하는가? 이러한 기술에 진전을 보이면 시간을 늘리고 주의 산만을 없애는 데 능력을 더 발휘하라.
- 아침, 점심, 저녁 가운데 가장 생산적인 시간대는 언제인가? 가장 중요하고 어려운 일을 해야 할 때가 바로 그 시간이다. 상황에 잘 집중하고 해결하기 가장 쉬운 시간대를 찾아라. 집중하는 능력을 숙련할 때 타인에게 영향력을 끼치기 쉽고, 주어진 시간의 절반으로도 열 배 이상을 성취할 수 있다.

자신의 집중력에 점수를 매겨 보자.
점수를 275쪽에 적는다.

0	1	2	3	4	5	6	7	8	9	10
매우 약함		약함			보통		강함			완벽함

추가적인 카리스마 정보와 오디오(lawsofcharisma.com)

- 관련 기사
- 관련 오디오 : '이기기 위한 허락 : 결과를 위한 정신 프로그래밍'
- 활동지

The LAWS OF CHARISMA

Part **3**

전달과 의사소통
확신을 갖고 말하라

카리스마는 모두를 포용하는 친밀감을 주는 능력이다.

개미와 베짱이 이야기

여름의 끝을 향해 가는 8월의 어느 무더운 날이었다. 베짱이는 더위를 즐기면서 마음속 이야기를 노래로 부르며 여기저기 뛰어다니고 있었다. 베짱이는 주변에 신경 쓰고 싶지 않았고, 단지 그 순간을 즐기며 혼자만의 시간을 보냈다. 베짱이 옆을 지나가던 개미는 큰 땅콩 조각을 집으로 가져가려고 끙끙댔다. 개미는 친구 베짱이에게 도와줄 수 있는지 묻고 싶었다.

개미가 도움을 청하기 전에 베짱이는 한 가지 제안을 했다. "나랑 놀지 않을래? 이 무더운 여름에 일하느라 힘들지 않니?" 개미가 대답했다. "나는 겨울을 대비해 먹이를 모으는 중이야. 겨울 동안 배불리 먹고 싶다면 너도 나처럼 먹이를 나르렴." "그건 너무 먼 이야기잖아. 그리고 지금 안 하고 나중에 하면 되지. 주변을 봐. 사방에 먹이가 널려 있잖아." 베짱이가 말했다. 베짱이의 말에 실망한 개미는 그 자리를 떠나 계속 열심히 일을 했다.

겨울이 되자 베짱이는 먹이가 떨어졌다는 것을 깨닫게 되었다. 베짱이는 겨울 동안 먹을 것이 하나도 없었다. "개미의 말을 들었어야 했어. 지금 나는 너무 배가 고파."

의미

대화는 양방향으로 이뤄진다. 베짱이는 귀담아듣지 않았고 긴긴 겨울 동안 먹을 것을 모으지 않았다. 당신이 무언가 깨닫게 될 때는 이미 늦다. 인생의 중요한 기술은 필요한 상황이 발생하기 전에 미리 배워야 한다. 이러한 기술을 이미 배웠다고 생각해서 지나치는 사람은 차갑고 어두운 겨울을 맞이하게 될 것이다.

한편 개미의 대화 기술 또한 문제가 있다. 개미는 겨울에 살아남기 위해 음식을 모아야 한다는 사실을 베짱이에게 납득시키지 못했다. 우리의 삶에서도 마찬가지이다. 타인에게 영향력을 끼치고 싶지만 나 자신이 준비되지 않으면 누군가에게 영향력을 끼쳐야 할 필요가 있을 경우 종종 때를 놓칠 수 있다.

전달과 의사소통의 기술/특성

- 프레젠테이션 기술
- 스토리 말하기
- 대인관계 기술
- 눈맞춤
- 경청
- 영향력
- 라포

프레젠테이션 기술
가르치고 영감과 즐거움을 준다

*두 번 생각해 본 다음 말하라. 당신의 입에서 나오는 말과
그 말이 주는 영향력이 그 말을 듣는 사람의 마음에
성공이나 실패의 씨앗을 심을 수 있기 때문이다.*

— Napoleon Hill

　　사무실 회의에서, TV에서, 국제 대회에서 프레젠테이션을 하는 것을 보았을 것이다. 연설과 프레젠테이션을 최면술처럼 하는 사람이 있는데, 이들이 끝마쳤을 때 사람들은 완전히 넋이 나가서 그 메시지에 동화된다. 이와 반대로 싫증이 나서 그 자리에서 빠져나오기 위해 화재경보기를 누르고 싶은 사람들도 있다. 이런 프레젠테이션은 당신의 영향력에서 완전히 벗어나 있다.

　　카리스마가 있는 사람들은 청중을 사로잡고 영감을 주는 뛰어난 의사소통 능력이 있다. 전화상으로든 얼굴을 맞대고든, 그룹 프레젠테이

션, 중간 협상, 심지어 문자 메시지와 이메일의 경우에도 그들은 자신의 메시지를 명확하게 하고 상대의 마음속에서 그 메시지가 살아나도록 한다. 그들은 마치 영화를 보고 있는 것처럼 느끼게 한다. 그들은 느낌이 매우 강해서 새로운 정신적인 그림을 만들어 낸다. 이러한 종류의 프레젠테이션 기술은 에너지가 넘치고 열정적이며 감성적이다. 당신은 자신의 프레젠테이션 기술에 대해 어떻게 설명할 수 있는가?

당신은 프레젠테이션이나 의사소통, 지난 20년에 걸친 훈련과 관련된 극적인 변화를 알아차린 적이 있는가? 교육에 초점이 맞춰져 있었으며, 많은 사람들이 현재 교육을 위해 노력하고 있다. 그러나 최근의 연구는 청중의 관심을 붙잡고 유지하는 방법으로 집중되고 있다. 우리는 사람들의 관심 주기 지속 시간이 점점 짧아지고 있다는 것을 알고 있다. 그래서 더 이상 단순히 교육하는 데 초점을 맞출 수 없다. 우리는 이제 즐거움을 주고 영향력을 미치며 청중의 관심을 유지해야 한다. 카리스마가 넘쳐야 한다.

카리스마가 넘치는 사람들은 청중의 관심을 얻고 유지할 수 있다. 당신은 주위에서 춤추거나 혼자 공연하는 코미디언이 될 필요가 없다. 청중이 당신의 메시지를 따라오고, 당신의 말이 그들에게 울려 퍼지게 하며, 그들이 집중해서 당신의 메시지를 이해하도록 해야 한다. 그들의 관심을 잃는 순간 당신은 더 이상 영향력을 미칠 수 없고, 그들은 확실히 어떠한 카리스마도 느낄 수 없다.

당신은 좋은 제품이나 대의, 세련된 멋쟁이 되기, 좋은 책자 발행하기, 인상적인 자격증 등을 가질 수 있다. 그러나 현실적으로 최고의 설득 도구는 바로 당신이며 중요한 것은 자신을 어떻게 표현할 것인가이다. 카리스마는 의사소통을 하는 능력이다. 사람들이 경청할 것이라고 바라면서 그들이 경청하려고 노력해야 한다거나 강의 주제가 당신의 약점을 보완해 주리라 기대하지 말라. 요즘 시대에는 청중의 마음속으로 빠르게 다가가야 한다. 사람들의 마음이 혼란스러워지고 당신이 그들을 놓치기 시작하는 데는 단 몇 초밖에 걸리지 않는다.

카리스마 넘치는 프레젠테이션은 어떤 종류의 프레젠테이션이든 처음 30초 동안이 중요하다. 이때 경청할 것인지 꾸벅꾸벅 졸 것인지가 결정된다. 도입부가 빈약하면 바로 청중이 떠나 버린다. 비즈니스에서는 최고의 발표자로 시작하는 법을 배워라. 그러나 자신만의 스타일과 에너지를 적용할 수 있도록 하라. 어려운 질문을 해서 당신을 괴롭힐 사람들을 부드럽게 다룰 수 있도록 철저히 준비하라. 개인과 감정적인 수준을 연결하는 방법을 배워라. 그들과 대화하는 것처럼 느끼게 하라. 프레젠테이션이 당신의 일부분이 될 때까지 연습하라. 또한 멋진 파워포인트인지, 보기 힘든 개요는 아닌지 살펴보라. 프레젠테이션을 하는 동안 카리스마를 발산하기 위해 자신의 공포, 불안, 또는 소심함을 관리하라.

맹점

　이야기하거나 파워포인트를 만들 수 있다는 것이 의사소통하고 영감을 불러일으키며 보여 주는 방법을 알고 있다는 것을 의미하지는 않는다. 대부분은 자신이 평균 이상의 의사소통 능력과 프레젠테이션 능력을 가지고 있다고 생각한다. 이것이 바로 맹점이다. 실제로는 평균의 의사소통 기술과 평균 이하의 프레젠테이션 능력을 가지고 있다는 것이다. 물론 당신은 프레젠테이션을 선보일 수 있고, 아무도 그 자리를 떠나지 않거나 어떤 부정적인 사항을 말하지는 않는다.

　그렇다면 정말 카리스마를 가지고 있다고 말할 수 있는 것일까? 사람들은 진정 즐겼을까? 당신은 그들이 바라는 만족스러운 상황을 만들어 내고 있는가? 지루하지만 할 수 없이 자리를 지킨 것일까? 당신의 관점으로 그들에게 영향력을 주었는가? 무언가를 행하도록 그들에게 영향력을 주었는가? 카리스마 넘치는 사람들은 자신만의 프레젠테이션 기술을 숙련한다. 그리고 끊임없이 최선을 다한다. 미세하게 조정하고 배우고 개선해야 할 것들이 항상 있다.

 적용

　당신은 청중이 당신을 어떻게 인식하는지 알고 있는가? 당신은 어떤 부분을 개선할 수 있는가? 청중을 지루하게 만들거나 쫓아 버리는 행동을 하고 있지는 않은가? 이와 같은 일반적인 의사소통에서의 부족한 부분을 확인하기 위한 체크리스트를 살펴보자.

- 단조로운 어조로 말하기
- 눈맞춤 피하기
- 손장난과 다른 불필요한 버릇 보여 주기
- 추임새('저', '음', '에') 사용하기
- 감정이나 확신 부족
- 기계적인 목소리 내기
- 훈련하듯 말하기
- 바로 프레젠테이션으로 돌진하듯 시작하기
- 청중에게 너무 많은 정보 제공하기
- 불안감이나 두려움 갖게 하기

사례

정치적 통로의 어느 쪽에 위치하든 로널드 레이건Ronald Reagan은 위대한 의사소통가로 알려져 있다. 그는 항상 열정과 확신으로 무언가를 위해 나아갔다. 그는 사람들이 구매할 수 있는 꿈을 만들 수 있었다. 그는 사람들이 미래에 대한 흥분을 느끼게 하는 그림을 그려 줄 수 있었다. 그의 메시지는 항상 간단하고 요점이 있었다. 프레젠테이션을 하는 동안 거의 내내 그는 청중과 소통했다. 그가 연설하는 동안 사람들은 그의 감정과 열정을 느꼈을 것이다. 레이건은 1만 관객 중의 한 사람과 대화하는 것처럼 느끼게 했다. 그의 연설은 일대일로 대화를 나누는 것 같았다.

카리스마 비결

공포증의 나쁜 사례—대중 연설의 두려움—를 경험해 본 적이 있는가? 이 문제는 흔한 것으로, 대부분의 두려움은 타고난 것이 아니라 학습된 것이라는 데에 희망이 있다. 이는 희소식인데, 만약 두려움을 학습할 수 있다면 그것을 배우지 않을 수도 있다는 것이기 때문이다. 우리는 일반적으로 프레젠테이션을 하기 전에 약간의 불안감을 느낀다. 자신의 긴장감을 달랠 방법을 찾아보라.

최상의 방법은 성공적인 프레젠테이션을 시각화하고 잘 준비하는 것이다. 당신은 자신이 긴장감과 준비되지 않은 느낌을 갖고 있다는 사실을 드러냄으로써(사전에 사과하기) 청중을 휘어잡고 싶을지도 모른다. 그러나 이 기법은 대개 역효과를 유발한다. 청중은 당신이 어떻게 느끼고 있는지 혹은 얼마나 준비되어 있는지 알지 못한다. 그런데 왜 당신이 무엇을 찾기 시작했다는 것을 그들에게 말하는가? 연설이 당신을 불안하게 만드는지를 알아보고 그것을 고쳐라. 당신의 프레젠테이션 중에 현실적으로 일어날 수 있는 최악의 상황은 무엇인가?

자신의 프레젠테이션 기술에 점수를 매겨 보자.
점수를 275쪽에 적는다.

0	1	2	3	4	5	6	7	8	9	10
매우 약함		약함			보통			강함		완벽함

대인관계 기술
그들은 정말로 당신을 좋아하는가

성공의 공식에서 가장 중요한 요소는
사람들과 함께하는 방법을 아는 것이다.
— Theodore Roosevelt

카리스마에서는 타인과 교류하는 능력이 매우 중요하다. 여러 번 대인관계 기술을 이용하여 라포를 얻으려는 시도는 과욕이자 너무 힘든 방식이며 불성실한 모습으로 인식된다. 이야기 나눌 소재를 찾기 위해 누군가의 사무실을 둘러본다는 구식의 사고는 두 가지 이유에서 역효과를 불러일으킬 것이다. 첫째, 이 기법은 남용되고 오용되었다. 둘째, 그들의 솔직하지 못한 모습에 직면하게 된다. 핵심은 사람들을 만날 때 마음을 잘 읽어 내는 것이다.

그들이 어떻게 대접받기를 원하는지 알아보라. 당신의 대인관계 기술이 A 성격에는 잘 맞지만 B 성격에는 맞지 않을지도 모른다. 당신의 접근법을 조정하고 맞춤화하도록 배워라.

사람들과 일하고 교류하는 능력은 카리스마적인 사람들의 최우선 목록에 위치한다. 연구에 의하면 대인관계 기술은 인생과 비즈니스에서 성공적으로 이뤄질 필요가 있는 최고의 기술 중 하나이다. 우리는 사람들과 상호작용하는—사회적으로 조화를 이루는—능력을 찾는다. 요즘에는 훨씬 더 어려워지고 있다. 기술의 폭발은 사람을 다루는 능력과 성격이 그리 중요한 자질이 아니라고 생각하게 만들었다. 놀랍게도 이러한 압도적인 기술 때문에 우리는 어느 때보다 개인의 상호작용을 갈망한다. 심지어 그것을 깨닫지 못하기도 한다. 사람들은 영향력과 설득이란 마음의 문을 열어 주기 전에 당신을 알아 가며 좋아하고 싶어 한다. 사람들이 당신에 대해 알고 좋아할 때 카리스마가 향상된다.

우리는 자신과 비슷하다고 생각되는 사람들과 교류한다. 사교 모임에서 서로 비슷한 사람들이 함께 모여 있는 모습을 볼 수 있을 것이다. 사람들은 당신이 자신과 비슷하고 공통점을 가지고 있다고 느낄 때 당신과 교류할 것이다. 당신이 유사한 태도, 신념, 흥미를 찾을 수 있을 때 카리스마가 늘어난다. 우리는 네트워크화하고 유대감을 갖고 몇 가지 공통점을 가진 사람과 어울리기를 좋아한다. 당신은 가능한 한 많은 영역에서 공통적인 것이나 합의를 찾아낼 필요가 있다. 그리고 당신은 만나는 모든 사람과 공통점을 찾을 수 있다.

첫인상은 카리스마에 큰 영향을 주기 때문에 매우 중요하다. 첫인상

Part 3 전달과 의사소통 : 확신을 갖고 말하라

은 누군가와의 초기 상호작용에서 몇 초 만에 만들어진다. 그래서 우리는 좋은 대인관계 기술을 가져야 한다. 생애에 걸쳐 지속적인 인상을 만드는 데는 불과 몇 초가 걸린다. 인간의 본성을 이해한다는 관점에서 볼 때 대가 중 한 사람인 데일 카네기Dale Carnegie는 "타인에게서 관심을 얻으려 하기보다는 관심을 주는 것이 더 빠르게 당신을 좋아하도록 할 것이다"라고 말했다.

타인을 신경 쓴다는 것은 배려라는 관점에서 우리 주변에 있는 사람들에 대한 진정한 관심과 행동을 수반한다. 그것은 우리 자신과 바쁜 세상을 잊고 타인을 신경 쓴다는 것을 의미한다. 당신은 연민을 통해 마음과 충성도를 이끌 것이다. 당신은 그들의 긍정성에 초점을 맞춤으로써 우호감을 불러낼 것이다. 타인이 민감하거나 취약한 장소에 있을 때는 가혹하게 대하지 말라.

●••• 맹점

당신을 잘못된 방식으로 인도하는 성가신 사람이 있는가? 좋아하지만 좋아하지 않는 척하는 사람을 알고 있는가? 멋지지 않지만 그녀가 멋지다고 생각하는 가족이 있는가? 그 사람은 당신이 될 수도 있다. 내가 무슨 말을 하고 있는 것일까? 타인들이 당신을 좋아하는 척하고 있을 수 있다. 그것이 예의 바른 행동이라고 생각하기 때문이다. 당신은 다른 성격을 가진 사람과 어울릴 수 있는가? 당신은 자신의 대답에 확신하는가? 대인관계 기술의 측면에 대해 우리는 완벽하게 그 기술을 성취했다고 절대 말할 수 없다. 그것을 우리의 대인관계 기술에서 작동시켜 볼 필요가 있다고 말하는 것이 맹점이다. 그것은 인생의 모든 중요한 기술 가운데 가장 '과대평가된' 것 중 하나이다. 즉 대부분의 사람들은 자신이 대인관계 기술을 가지고 있다고 말하지만 실제로는 그렇지 못하다.

적용

대인관계 기술을 향상하고 미세하게 조정해 보면서 확실하게 진심으로 대할 수 있도록 하라. 타인들은 당신을 좋아하지 않으면서도 좋아하는 척한다. 만약 당신의 영향력 있는 시도가 작동하지 않는다면 이는 그들이 당신을 좋아하지 않기 때문이라는 것을 알아야 한다. 어떻게 하면 자신의 대인관계 기술이 잘 전달되도록 할 수 있을까?

- 모든 사람에게 존경 표시하기
- 자기 주변에 있는 모든 사람 제대로 인식하기
- 내가 알거나 만나는 모든 사람들이 어떤 방법으로 나를 도울 수 있다는 사실 인식하기
- 그들과 그들이 하는 것에 관심 가지기
- 항상 도움이 되고 기꺼이 봉사하기

마더 테레사Mother Teresa는 1910년에 태어나 돌봄, 사랑, 대인관계 기술을 통해 세계에 지속적인 영향력을 끼쳤다. 알바니아에서 태어나 로마 가톨릭 수녀가 된 마더 테레사는 1950년 인도 콜카타에서 사랑의 선교 수녀회를 설립하고, 45년 동안 가난하고 궁핍함 속에서도 봉사를 했다. 그녀는 1979년에 노벨 평화상을 수상하고 생을 마칠 때쯤 123개국에서 610가지 임무를 했다. 그녀는 놀라운 대인관계 기술을 지녔으며, 전 세계적으로 4,500명이 넘는 수녀에게 존경을 받았다. 그녀는 지구상에서 매우 중요한 사람으로 대접받았다.

카리스마 비결

오늘 배워야 할 중요한 것은 당신이 큰 팀의 일부임을 깨닫는 것이다. "뿌린 대로 거둔다"는 말을 들어 보았을 것이다. 성공은 혼자 하는 프로젝트가 아니다. 카리스마로 가는 길 위에서는 자기 향상을 위한 여지가 없다. 합당한 사람에게 영예를 주어라. 할 수 있을 때마다 서로 인정을 공유하라. 인간의 자아는 매우 깨지기 쉽고 손상된 자아는 영향력을 끼치기 매우 어렵다는 것을 깨달아라. 사람들이 하는 것에 대해 칭찬하고 감사하는 법을 배워라. 좋은 업적에 대한 보상으로 충분하다고 가정하지 말라. 가능한 한 진심으로 자주 감사하라. 오늘 서로 존경심을 보여 주고 성취한 것에 대해 칭찬을 해야 한다는 것을 확인하라.

자신의 대인관계 기술에 점수를 매겨 보자.
점수를 275쪽에 적는다.

0	1	2	3	4	5	6	7	8	9	10
매우 약함		약함			보통			강함		완벽함

영향력
스스로 해내도록 도와라

청중을 설득하여 영향력을 행사할 필요가 있을 때,
그것을 배우기에는 너무 늦다.
— Kurt W. Mortensen

카리스마와 영향력은 손을 맞잡고 같이 간다. 다시 말해 카리스마는 타인들로 하여금 자신이 하기를 원하는 것 그리고 그것을 좋아하도록 만드는 힘이다. 영향력은 단지 지배력과 같은데 중립적이다. 일부는 영향력이 학습될 수 없다고 생각하고, 어떤 사람들은 그것이 잘못 사용될 수 있다고 생각하며, 또 다른 사람들은 그것이 그리 중요하지 않다고도 생각한다. 영향력은 당신의 아이디어를 받아들일 수 있게 하고 사람들을 한데 묶어 주며 변화를 이룰 수 있게 한다. 나는 기술을 판매하는 것에 관해 이야기하는 것이 아니라 사람들이 행동하기를 바라는 장기간 지속 가능한 변화에 관해 이야기하는 것이다. 영향을 미칠 수 있는 능력, 카리스마, 그리고 소득은 직접적인 관계가 있다.

대부분은 설득과 영향력의 개념을 오해한다. 영향력은 일반적으로 저평가되고 충분히 사용되지 않는다. 일상생활에서 마주하는 낯선 사람, 친구와 가족, 주변 사람들은 우리에게 영향력을 끼친다. 진정한 영향력은 강요하고 조정하는 것이 아니다. 그것은 쌍방에게 유익한 결과이다. 훌륭한 자신감과 통솔력, 영향력은 사람들이 올바른 결정을 하도록 돕거나 가치 있는 대의를 지지하는 능력에서 나온다.

영향력은 학습할 수 있다. 위대한 사람들의 영향력은 타고난 것이 아니라 만들어진 것이다. 우리도 영향력의 기술을 숙련할 수 있다. 설득, 동기 부여, 영향력에 관한 이론을 이해하는 데에서 카리스마 만들기가 시작된다. 당신이 인생에서 원하게 될 모든 것은 사람들을 이해하고 마음을 변화시키는 능력에서 비롯된다. 타인에 대한 즉각적인 영향력을 얻도록 배우고 그들이 행동에 옮기도록 고취해야 한다. 만약 당신의 사고방식을 통해 타인에게 영향력을 미칠 수 없다면 당신은 카리스마적일 수 없게 된다. 당신의 직업이 무엇이든 간에 영향력이라는 기술이 필요하다. 우리는 만나는 모든 사람들과 영향력 있는 기술과 전략을 매일 연습하고 이용한다. 누구도 자급자족할 수 없으며 우리는 타인들과의 상호 관계 속에서 성공을 이룰 수 있다.

영향력은 잠재의식의 유발과 함께 일어난다(5장 참조). 당신이 행동하고 말하는 모든 것은 청중이 어떻게 느끼는가에 영향을 미칠 것이다. 당신은 때로 사람들을 쫓아 버리고 심지어 그런 사실조차 모르고 있을지도 모른다. 사람들이 강요, 기만, 과대 광고, 또는 어떤 부정적인 암시를 감지할 때 당신은 카리스마를 잃게 된다.

대부분의 사람들은 미묘한 기술과 영향력에 관한 과학적 지식을 배운 적이 거의 없다. 많은 사람들은 자신이 그것을 가지고 있다고 생각하지만, 결국 그들에게 역효과를 일으킬 구식의 기법을 사용하고 있는 경우가 많다. 청중은 거칠다. 사람들은 이전 스타일의 설득과 영향력에 적지 않은 저항을 해 온 경험이 있다. 당신이 그들을 만나기 전부터 그들은 이미 저항이란 벽을 쌓아 놓은 상태이다. 이것을 극복하기 위해 무엇을 할 수 있을까? 영향력 있는 시도는 비위협적이며 자연스러워야 한다. 강하고 거창한 전략은 더욱더 저항을 불러일으킨다는 사실을 잊지 말라. 그리고 강한 압박은 잊어라. 그것은 저항을 더 단단하게 할 뿐만 아니라 영향력이라는 문을 닫아 버리기까지 한다. 압력을 받고 괴롭힘을 당하거나 원치 않는 무언가를 하도록 강요받고 있다고 느낄 때 사람들은 반항하고 분개한다.

◐·· 맹점

맹점은 대부분의 사람들이 잘못된 방식으로 영향력을 발휘한다는 것이다. 이들은 영향력을 받고자 할 때 오히려 타인들에게 영향력을 미치는 경향이 있다. 이는 완전히 잘못된 것이다. 상대와 그 상황에 맞는 자신만의 접근 방식을 적용할 필요가 있다. 카리스마를 숙련하면 가능한 한 그들이 원하는 방식으로 그들에게 영향력을 끼쳐야 한다. 이것은 단기적인 순종이 타인에게 영향력을 끼친다는 것을 의미하지 않는다.

카리스마가 넘치는 사람들은 단기적인 순종을 추구하지 않는다. 오히려 단기적인 순종은 장기간의 영향력을 미친 이후에 간헐적으로 적용할 수 있는 전략의 하나라고 생각한다. 단기적인 순종은 수월한 편이다. 그리고 당신이 그 옆에 존재할 때만 가능하다. 다시 말해 장기적인 순종은 당신이 그 사람의 옆에 있든 없든 영향을 미치는 특성이 있다.

적용

사람들은 설득하여 영향력을 행사하려고 할 때 구식의 낡은 기술을 사용하는 경향이 있다. 설득력과 영향력에서 이러한 일반적인 실수를 제거해야 한다.

- 너무 빠르게 우호적으로 대하기
- 너무 많은 정보
- 당신이 설득되고 싶은 방식으로 사람들을 설득하기

- 힘이나 강압의 사용
- 진부한 폐쇄적 전술
- 논쟁에서는 이기지만 영향을 미칠 수 있는 능력은 잃는 것
- 영향력을 미치고자 할 때 자신의 행동 변경하기

사례

윈스턴 처칠Winston Churchill은 현대 역사에서 가장 영향력 있는 연설가 중 한 사람이다. 그는 두려움과 영감을 주는 영국 지도자로 알려져 있고, 제2차 세계대전 동안 많은 도전을 통해 영국 국민을 이끌었다. 그의 말은 그대로 청중을 매료시켰다. 일부는 처칠의 역동적인 프레젠테이션을 듣고 난 후 마법 같다고 말했다. 처칠은 설득력이 있고 놀라운 상상력을 가졌으며 대중을 고취할 수 있었다. 자신의 음성을 자유자재로 사용하는 그의 능력은 자신의 연설에 청중을 참여시키고 자신의 관점을 읽을 수 있도록 영향력을 미치는 요소 중 하나였다. 그는 느린 속도로 청중과 교류하기도 하고, 에너지를 끌어올리기 위해 연설의 속도를 빠르게 하기도 했다. 영향을 미치는 그의 능력은 카리스마를 강화했다.

영향력의 힘은 사람들의 마음을 즉각적으로 읽어 낼 수 있게 하고, 타인으로 하여금 즉각적인 조치를 취하게 한다. 그리고 당신의 적에 맞서 이길 수 있는 힘을 실어 준다. 당신의 영향력을 증대하는 첫 번째 비결은 사람들이 자기 스스로 영향력을 행사할 수 있도록 돕는 것이다.

영향을 미치는 당신의 능력에 더 의식적인 시간을 가져 보라. 사람들에게 더 질문을 요구하고 그들의 몸짓언어를 읽어 내며 그들의 진정한 욕구를 발견하는 데 초점을 맞춰라. 당신이 영향력을 더 강도 높게 발휘하려면 당신이 변화시키고 싶은 사람들이 그들 자신을 설득하는 데 도움이 되는 방법을 찾아 줄 수 있도록 노력을 강구하라. 이 작업을 할 때 당신은 그들이 스스로 영향력을 발휘하도록 도울 수 있을 것이다. 오늘 설득 IQ(www.persuasioniq.com)를 가지고 자신의 강점과 약점 순위를 알아보자.

자신의 영향력에 점수를 매겨 보자.
점수를 275쪽에 적는다.

0	1	2	3	4	5	6	7	8	9	10
매우 약함		약함			보통			강함		완벽함

스토리 말하기
이미지 만들기

*스토리는 더 강력하고 명확하며 더 의미 있는 경험으로
인생 자체의 창조적 전환이다. 그것은 인간 접촉의 통로이다.*
— Robert McKee

스토리는 카리스마를 계발하기 위한 강력한 도구이다. 스토리는 청중을 이끌고 그들이 당신의 메시지를 이해하고 평가할 수 있도록 돕는다. 잘 설명되는 스토리를 들을 때 우리는 자동적으로 집중하게 되고 다음에 무슨 이야기가 나올지 몹시 궁금해한다. 갑자기 우리 자신이 세상에 나와 귀를 쫑긋 세우며 경청하기 시작한다. 왜냐하면 연설자가 스토리의 힘을 사용하는 말하기로 전환했기 때문이다. 사실과 인물이 관련성 높은 강력한 스토리와 결합될 때 청중을 훨씬 더 쉽게 사로잡고 심금을 울리게 된다.

스토리 말하기 구성 요소와 이것을 잘 사용하는 법을 이해하면 전달하고 싶은 메시지로 청중의 마음을 울리며 영향력을 미칠 수 있다. 처음부터 매력적인 스토리로 전개해 나가기 시작하면 청중의 마음을 빨리 사로잡을 수 있다. 사람들의 감정을 건드릴 때 그들은 당신과 메시지에 더 마음을 둘 것이다. 스토리는 공통점을 알고, 연결성을 더 만들며, 관심과 수용도를 더 크게 해 준다. 효과적인 스토리 말하기는 의사소통과 확신 주기, 제시하고 설득하기, 마음을 전달하고 차이를 통해 이해력을 형성하는 것을 돕는다.

메시지가 영향력이 있든 없든 중요한 것은 청중이 당신을 믿고 있는지 그렇지 않은지이다. 청중과 라포를 형성하기 위해 스토리를 사용하라. 일대일을 기반으로 모든 청중과 라포와 신뢰를 형성할 기회를 갖지 못할 때 다음과 같은 질문을 던져라. 당신이 누구인가? 당신은 무엇을 보여 주는가? 당신은 그것으로부터 무엇을 원하는가? 당신이 어떤 시사점을 던져 주지 않는다면 청중은 자신만의 결론을 내리게 된다. 그들이 잘못된 결론으로 이끌 여지를 왜 남기는가? 그들이 당신을 재미있고 정직하며 신실한 사람으로 여기길 바라는가? 그렇다면 그들에게 주고자 하는 요점을 확인하고 그것과 일치되는 스토리를 선택하라. 그러면 그들은 당신의 스토리를 듣고 당신과 가까워질 수 있다.

의미 있는 스토리는 거의 모든 청중이 거의 똑같은 결론에 도달하도록 이끄는 힘이 있다. 사람들은 당신의 결론보다 자신의 결론을 더 가치 있게 여긴다. 그래서 당신의 스토리에 그들의 이야기를 더하면 훨씬 더 영향력을 갖게 될 것이다. 그들에게 제공하는 이야기가 그들을 이끈다. 몇 가지 물음에 청중이 대답할 수 있는 스토리를 사용하라. 이 과정을 잘 수행하여 성공을 이룰 때, 당신의 메시지는 의미심장하게 작용하여 청중의 마음에 깊은 영향을 준다. 당신의 프레젠테이션을 기억하지 못할 수도 있지만 좋은 스토리와 중요한 메시지는 청중의 마음속에서 반복적으로 재생될 것이다.

스토리로 청중의 감정을 긍정적으로 사로잡는 것은 당신의 생각을 밝히는 한 가지 방법이 된다. 스토리는 사람들로 하여금 덜 방어적이 되게 하며, 덜 비평적이고 덜 요구적으로 느끼게 만든다. 직설적으로 반대 의견을 제시하기보다는 비위협적이고 심지어 즐거운 방식으로 당신의 관점을 제시함으로써 그들의 크고 작은 저항을 막아라.

사람들은 종종 자신의 위치를 철저하게 방어하는데, 이는 거기에 너무 몰두했기 때문이 아니라 자신의 욕구를 보호하고 잘못으로 인한 당혹스러움을 피하려 하기 때문이다. 만약 감정적인 방어기제를 멀리할 수 있다면 많은 청중이 당신의 생각에 대해 개방적으로 고려하는 데 놀라게 될 것이다.

⬤•• 맹점

스토리 말하기는 얼마나 힘든 것일까? 당신의 스토리가 너무 길어지거나 복잡하게 진행된다면 사람들은 지루하고 재미없다고 말할 것이다. 하지만 카리스마가 넘치는 사람은 다른 사람들을 사로잡고 그들에게 영향력을 끼치는 생생하고 매혹적인 이야기를 할 수 있다. 그들의 스토리는 살아 있고 사람들이 영향력을 받을 수 있도록 원하는 분위기를 만든다. 강연장에 있는 모든 눈은 스토리에 초점을 맞추고 집중한다. 청중은 절대 흥미를 잃지 않는다. 당신은 정말 사로잡는 영향력 있는 스토리를 말할 수 있는가?

 적용

스토리를 생동감 있게 만드는 것은 무엇일까? 당신은 청중이 의자에 앉아 당신의 모든 말을 따라 하도록 하기 위해 무엇을 할 수 있을까? 어떻게 스토리텔링 기술을 숙련할 수 있을까? 다음은 몇 가지 제안이다.

- 간단한 이야기를 한다(3~4개 이상은 좋지 않다).
- 활기차고 에너지가 가득하게 한다.
- 자신의 몸과 목소리를 스토리의 한 부분에 참여시킨다.
- 청중을 육체적 · 정신적으로 참여시킨다.
- 제삼자를 상대로 스토리를 연습한다.
- 명확하게 또렷이 말한다.
- 지속적인 영향력을 위해 감정을 포함한다.

매력적인 스토리를 말할 수 있는 사람이라면 마크 트웨인Mark Twain
이 떠오른다. 그는 1835년에 태어나 수많은 작품을 펴냈다. 그의 유명
한 책으로는 『톰 소여의 모험』, 『왕자와 거지』, 『허클베리 핀의 모험』,
『아서 왕 궁정의 코네티컷 양키』가 있다. 그는 스토리를 직접 말하는
것처럼 생동감 넘치게 쓰는 능력을 가지고 있었다. 그는 스토리를 쓰
고 말할 수 있는 능력 덕분에 왕, 마을 관리인, 사업가, 왕족과 친구가
되었다. 그는 멀리 앉아 있는 청중까지도 사로잡을 수 있었고 많은 대
중이 원하는 연설가였다. 마크 트웨인은 자신의 스토리로 관객을 사로
잡는 능력이 있는 사람으로 항상 기억되고 있다.

카리스마 비결

오늘 만나는 모든 사람에게 스토리 말하기 연습을 하라. 점심을 어
디서 먹었는지와 같은 간단한 스토리라도 좋다. 음식을 묘사할 때 상
대의 입에 군침이 돌게 하라. 당황스러웠던 순간을 이야기할 때 상대
가 웃게 만들라. 이는 당신의 스토리텔링 기술을 발전시켜 줄 것이다.
당신의 경험에 그들의 경험을 곁들여라. 그들을 위한 그림을 그리
도록 배워라. 스토리 말하기 능력이 성장하면서 당신은 적절한 환경을
만들 수 있다. 더 나아가 시각, 청각, 후각 등의 오감과 다양한 감정을

포함할 수 있다. 스토리를 추가할수록 청중을 더욱 끌어들일 것이다. 당신은 영화가 상영되는 것처럼 청중이 당신의 스토리를 마음의 눈으로 보기를 바란다. 그리고 청중이 당신의 스토리를 가지고 돌아가 그들의 마음속에서 자리 잡기를 바란다.

자신의 스토리 말하기에 점수를 매겨 보자.
점수를 275쪽에 적는다.

0	1	2	3	4	5	6	7	8	9	10
매우 약함		약함			보통			강함		완벽함

눈맞춤
말 없는 대화

눈은 실탄을 장전해 겨눈 총처럼 위협적일 수 있고
야유를 하거나 발로 차는 것처럼 모욕적인 느낌을 줄 수도 있지만,
태도를 바꿔서 친절한 눈길을 보내면 기쁨의 춤을 추게 할 수 있다.
— Ralph Waldo Emerson

눈을 통해 청중은 진실성, 지성, 그리고 연설자의 감정을 가늠할 수 있다. 그러므로 만약 치명적인 결과가 나타난다면 그것은 눈맞춤이 잘못된 것이다. 왜냐하면 카리스마는 완벽하고 매력적인 눈맞춤으로 강화되기 때문이다. 당신은 자석 같은 눈을 가지고 있는가? 당신의 눈은 타인의 마음을 사로잡고 끌어들이는가?

카리스마가 넘치는 사람은 눈맞춤을 통해 타인을 끌어들이고 즉각적인 교류를 이뤄 낸다. 누군가와 서로 더 오래 응시할수록 당신은 높은 자존감을 지니고 있다고 평가받을 것이다. 하지만 그 시간 동안 한

사람만을 응시하지 않는다는 것이 중요하다. 많은 눈맞춤으로 누군가를 다룰 수 있다는 것을 측정할 필요가 있다. 게다가 그 시간 동안 내내 한 사람을 바라보는 것은 두 가지 중 하나를 의미한다. 그 사람에게 몹시 화가 나 있다거나 사랑에 빠져 있다는 것이다.

사람들과 의미 있게 눈맞춤을 주고받는 것을 배워라. 만약 누군가가 당신과 눈맞춤을 할 수 없다면 당신은 그 교류를 유지하기 위해 눈맞춤을 감소시킬 필요가 있다. 일반적으로 대화 과정에서 약 70퍼센트 정도는 눈맞춤을 자연스럽게 할 수 있다. 당신 주변에서 불편을 느끼고, 낮은 자존감을 가지고 있으며, 자신과 상황에 관해 확신을 갖지 못할 때, 사람들이 눈맞춤을 유지하기 힘들다는 것을 알게 될 것이다. 이러한 감정은 만약 그들이 위협을 느끼거나 당신이 권위 있는 인물로 인지된다면 심해질 수 있다.

우리는 사람들이 특별한 느낌을 원하고 자신의 자아가 강화되기를 바란다는 사실을 알고 있다. 그들은 당신이 신경을 쓰고 있거나 그들에게 직접적으로 이야기하고 있다고 느낀다. 눈맞춤만으로 중요하다고 느끼게 할 수도 있고, 대화하는 동안 그들의 초점이 될 수도 있다. 눈맞춤을 멈춰 버리면 교류가 끊어질 수도 있다. 집단 생활에서 각각의 사람들과 모두 눈맞춤을 하고 응시하라. 당신이 각각의 사람을 개별적으로 바라보고 있지 않더라도 그렇게 보일 수가 있다. 눈은 목소리보다 더 많은 것을 말한다. 랠프 월도 에머슨Ralph Waldo Emerson은 "인간의 눈은 입만큼이나 많은 대화를 한다"고 말했다.

우리의 눈동자는 몸에서 가장 민감하고 복잡한 기관이다. 관심이 있고 흥미로움을 느낄 때 눈동자가 커지는데 이러한 확장은 오랫동안 진화된 결과이다. 이는 추가적인 정보를 얻기 위해 더 많은 빛이 눈으로 들어오도록 하는 자동적인 기능이다.

서로의 눈을 볼 수 있는 것은 의사소통과 신뢰 수준에서 매우 중요하여 우리는 일반적으로 선글라스를 착용하는 사람을 불신한다. 다시 말해 눈을 통해 진정한 메시지가 드러날 것이라는 두려움 때문에 뭔가 숨기려고 선글라스를 쓴다고 추측한다. 또한 우리는 눈맞춤의 시간뿐만 아니라 눈 그 자체로도 판단한다. 평범하게 보이는 눈보다 충혈된 눈은 덜 신뢰적(게다가 보기가 더 힘들다)이고 커진 동공은 더 매력적이라고 평가된다. 잡지 표지 모델의 눈은 더 크고 매력적으로 표현되어 있다. 흥분하거나 행복할 때 동공이 확장되는데 이렇게 동공이 확장된 사람들의 사진은 더 매력적으로 평가된다.

☾•• 맹점

맹점은 '이것은 얼마나 어려울 수 있을까?'라고 생각하는 것이다. 하지만 눈맞춤을 익숙하게 하기 위해서는 연습이 필요하다. 일반적으로 실수하는 것은 눈맞춤 시간이다. 그렇다고 해서 일정하게 정해진 시간은 없다. 사람, 문화, 성격, 심지어 인종에 따라 눈맞춤을 다르게 해야 한다. 그리고 그럴 의도가 없는 경우에도 타인을 응시하는 경향이 있다. 사람들을 불편하게 할 때 영향력과 카리스마를 갖기는 어려운 법이다. 우리 모두는 눈맞춤에 대해 많이 들었다. 여기서 생각해 볼 점은 누구와 언제, 왜, 게다가 오랫동안 한 이야기를 다 듣지 못하는가에 관한 것이다. 많은 사람들이 당신의 눈맞춤 시간에 긴장을 하고 있지는 않은지 돌아보라.

적용

어떻게 눈맞춤을 향상하고 사람들과 교류하는 법을 배울 수 있을까? 타인과의 라포 형성을 평가하기 위해 눈맞춤을 사용할 수 있다. 다음은 눈맞춤과 라포를 향상하기 위한 몇 가지 핵심 사항이다.

- 당신이 보고 있는 상대를 의식하여 바라보고 있는 눈의 위치를 바꿔 보라. 만약 상대가 똑같이 행동한다면 라포가 형성된 것이라고 볼 수 있다.
- 눈맞춤이 이뤄지면 좋은 행위로 이어진다. 상대도 당신이 보낸 눈맞춤과 유사한 눈맞춤을 하면 라포가 형성된 것이다.
- 일단 3~5초 동안 좋은 눈맞춤을 한 다음 눈길을 돌려라. 만약 상대가 똑같이 행동한다면 라포가 형성된 것이다.
- 눈맞춤 시간을 늘려라. 그리고 상대의 눈동자가 확장되는지 확인하

라. 만약 상대가 눈길을 돌린다면 라포가 지속되지 못한 것이다.

• 눈맞춤을 할 때 편해 보이지 않는다면 라포를 형성하지 못한 것이다.

• 당신이 눈맞춤을 하고 미소를 보였는데 상대가 미소 짓지 않는다면 라포를 형성하지 못한 것이다.

사례

훌륭한 눈맞춤의 사례로 (정치적 동맹과 관계없이) 빌 클린턴Bill Clinton 전 미국 대통령이 있다. 그는 카리스마의 많은 퍼즐 조각(특히 눈맞춤)을 가지고 있었다. 빌 클린턴을 만났던 사람들은 그가 영감을 불러일으키며 상대에게 진정으로 관심을 표현한다고 말한다. 그가 말할 때는 그의 눈 또한 말하고 있다. 그의 눈은 상대가 지구상에서 가장 중요한 사람인 듯 대한다. 그의 시선은 경외심과 동시에 편안한 느낌을 준다. 그는 상대를 걱정하고 상대가 말하고 있는 것이 중요한 듯이 느끼게 해 준다. 비서실장 레온 파네타Leon Panetta는 빌 클린턴이 어떻게 누구든 편안한 느낌이 들게 만드는지, 또 함께 방에 있는 사람이 나밖에 없다는 생각이 들게 하는지에 대해 거듭 말했다.

훌륭한 눈맞춤을 할 수 있는 능력을 적용하라. 이는 쉽게 들리지만 적용에 대한 모든 것이라 할 수 있다. 불안하고 지배당하고 신경질을 느낄 때, 당신은 열심히 눈맞춤을 하기가 어렵다는 것을 알 수 있다. 심호흡을 하고 지금 당신이 무엇을 하고 있는지 깨달아 보라. 당신의 감정을 통제하고 타인들도 단지 당신과 같은 인간이라는 것을 명심하라. 만약 여전히 문제에 직면해 있다면 상대의 콧등을 보라. 이렇게 하면 긴장감이 풀리고 다른 사람들이 당신을 바라보고 있다는 생각이 들지 않게 된다. 또한 눈과 눈 사이 혹은 눈과 입 사이로 초점을 바꿔라. 상대를 기분 나쁘게 바라보지 않는지 확인하라. 오늘 라포를 형성하기 위해 적절한 횟수의 눈맞춤을 연습해 보라.

자신의 눈맞춤에 점수를 매겨 보자.
점수를 275쪽에 적는다.

0	1	2	3	4	5	6	7	8	9	10
매우 약함		약함			보통			강함		완벽함

경청
뭐라고 말하는가

경청하는 습관을 기르고 고객이 말하게 하라.
― Brian Tracy

경청과 이해는 카리스마의 수준을 높인다. 진심 어린 경청은 누군가를 돕고 변화시키며 그들에게 영향을 주기 위해 필요한 모든 것을 발견할 수 있도록 한다. 또한 사람들을 격려하거나 동기를 부여할 수 있고 더불어 그들의 신뢰를 얻을 수도 있다. 상대의 말을 경청하면 그는 존중받고 소중히 여겨진다는 느낌을 갖는다. 경청은 문제 상황이 좀 더 빠르게 해결될 수 있도록 하고 경청하는 사람에 대한 신뢰를 높여 준다. 무엇보다도 의사소통에서 일어나는 오해와 전반적인 실수를 줄여 준다. 경청은 아주 쉽게 실천할 수 있으며, 타인에게 내 시간의 일부를 할애하기만 하면 된다.

훌륭한 경청은 단순히 고개를 끄덕이거나 상대를 걱정하는 척하는 것이 아니다. 눈을 마주 보고 있지만 머릿속으로는 다음에 할 말을 생각하는 것도 아니다. 경청이란 상대의 말을 인정해 주며 상대로 하여금 당신이 이해하고 있음을 알게 하는 것이다. 눈으로는 상대의 비언어적 행동을 읽고, 귀로는 상대의 말과 속도, 말투를 들어야 한다. 그리고 마음으로는 상대가 정말로 하고자 하는 말이 무엇인지를 알아채야 한다. 훌륭한 경청은 상대로 하여금 당신이나 자기 자신에게 좋은 감정을 갖게 하며, 이는 또한 당신의 관심을 행동으로 표현하는 것이기도 하다.

경청은 나와 타인을 연결해 주고 라포 형성을 돕는다. 사실 우리는 자신에 대해 이야기하는 것을 더 좋아한다. 당신이 훌륭한 경청자가 된다면 사람들은 자신이 영향력을 받는 데 필요한 모든 것을 당신이 알 수 있도록 스스럼없이 말해 줄 것이다. 누구나 좋은 경청자가 될 수 있으며 그 결과는 매우 놀랍다. 설득의 과정에서 불만이 나타나는 것은 대부분 말을 너무 많이 하거나 상대가 정말로 필요로 했던 것을 듣지 않기 때문이다. 실제로 우리는 상대가 우리와 함께 일하거나 아이디어를 좋아하는 이유 모두를 마음속으로 간직하기를 바란다. 우리는 장황하고 심도 있는 설명을 함으로써 도움을 주고 있다고 생각한다. 그러나 현실을 직시하자. 우리는 이기적이고 사리사욕을 취하며 자기에게만 몰두하고 집중하는 경향이 있다. 우리는 나 자신이 중요한 사람이라는 기분, 유식하고 유익한 사람이라는 기분을 좋아하기 때문에 너무 많은 말을 하는 것이다.

경청의 기술을 습득하면 당신 의견에 타인들을 동참하게 만들고, 그들이 좀 더 이해받고 있다는 느낌을 갖게 한다. 또한 당신의 이해력을 높여 주며 대화를 조율할 수 있다. 수년 전 데일 카네기는 경청이란 '우리 모두가 노력해야 할 가장 중요한 인간관계 기술 중 하나'라고 강조했다. 경청은 사람들의 선호, 욕구, 필요를 발견하는 방법이자, 당신의 메시지를 상대방에게 맞추는 것을 배우는 방법이다. 경청은 당신이 숙련할 수 있는 모든 기술 중 아마 가장 좋은 성과를 안겨 줄 것이다. 우리는 타인의 필요와 욕구를 이해하고 있다고 생각하지만 진정으로 온전하게 경청하지 않으면 절대 그럴 수 없다.

 맹점

경청의 맹점은 우리가 경청하지 못한다는 사실을 인정하지 않는 데서 비롯된다. 대부분은 "나는 들을 수 있어"라며 전혀 문제없다는 듯 말한다. 다들 귀가 있기 때문에 당연히 잘 경청할 수 있다고 생각하지만 실상은 귀에 들려오는 소리를 듣는 것이다. 많은 대기업에서 다양한 명칭의 듣기 훈련 시스템을 도입해 왔지만 대부분의 사람들은 그것을 시간 낭비로 여겼다. 만약 두 사람이 마주 앉아서 진정으로 서로의 말을 경청할 수 있다면 인간관계와 비즈니스, 심지어 전 세계적인 문제까지도 대부분 해결될 수 있을 것이다. 약간의 정신적 노력과 귀, 눈, 마음을 통해 듣는 자세만 있으면 된다. 당신이 타인의 말을 잘 경청하지 않는 사람이라고 느낀다면 사람들은 당신을 자기중심적이고 무관심하며 그다지 매력적이지 않은 사람이라고 생각할 것이다.

 적용

향상된 경청 기술을 통해 우리는 타인의 생각과 감정을 알 수 있고, 또한 어떻게 영향력을 미칠 것인지를 알 수 있다. 숙련할 수 있는 비결이 궁금한가? 다음은 경청 능력과 영향력 제고를 위한 가이드라인이다.

- 상대에게 온전히 집중하고 방해 요소를 최소화한다.
- 상대 쪽으로 몸을 기울이고 상대의 얼굴을 정면으로 응시한다.
- 시간이 많은 것처럼 행동한다.
- 상대의 말에 고개를 끄덕이고 '아하' 등 동의를 표현하는 말을 한다.
- 절대 대화를 중단시키지 않는다. 질문으로 대화를 계속 이어 나간다.
- 대답하기 전에는 잠깐 멈춘다.

래리 킹Larry King은 훌륭하게 경청한 인물이다. 그는 1950년대에 플로리다에서 라디오 인터뷰를 시작했고, 1985년 CNN에서 〈래리 킹 라이브 쇼〉를 시작했다. 그는 역대 최고의 방송인 중 한 사람으로 수많은 상을 받았다. 그는 자기 쇼에서 4만 명 이상의 사람들을 인터뷰함으로써 경청 기술을 쌓았다. "매일 아침마다 스스로에게 상기시킨다. 오늘 나는 아무 말도 하지 않음으로써 무엇이든 가르침을 얻을 것이다. 배우고자 한다면 먼저 들어야 한다." 래리 킹 같은 인터뷰 진행자는 사람들로 하여금 마음을 열고 속을 털어놓을 수 있게 한다. 그들을 잘 살펴보고 경청 기술을 관찰하여, 어떻게 간단한 질문을 통해 상대에게 듣고 싶었던 이야기를 이끌어 내는지를 배워라.

카리스마 비결

오늘 진정한 경청에 집중해 보자. 경청은 약간의 정신적 노력과 집중을 요한다는 것을 기억하라. 상대의 말을 방해하지 않고 그가 이야기하도록 해 보자. 내 의사를 전달하기 위해 또는 자존심을 세우기 위해 상대의 말을 끊거나 중간에 끼어들지 않도록 한다. 상대의 말이 끝나면 계속 그가 이야기할 수 있도록 다른 질문을 한다. 이 방법은 상대가 실제로 원하고 필요로 하는 것에 대해 내가 얼마만큼 이해하고 있는가를 판단하도록 해 준다.

상대의 비언어적 행동을 읽고, '내가 그 사람이라면 어떤 감정일까'를 한번 느껴 본다. 이러한 과정에서 저지르는 가장 큰 실수는 대화를 나누기 전이나 대화 중 선입견을 갖거나 상대를 어떠한 유형의 사람으로 분류하는 것이다. 선입견은 나를 지배하고 대화를 지배하며 나에 대한 상대의 감정 역시 삼켜 버린다. 내가 최선의 노력을 기울이지 않는다는 것은 다른 사람들에게 쉽게 드러나는 법이다.

자신의 경청에 점수를 매겨 보자.
점수를 275쪽에 적는다.

0	1	2	3	4	5	6	7	8	9	10
매우 약함		약함			보통			강함		완벽함

라포
즉각적인 관계 형성

당신을 기억하는 것은 고객이 해야 할 일이 아니다.
당신을 잊지 않게 만드는 것이 당신의 의무이자 책임이다.
– Patricia Fripp

　　몇 분만 같이 있어도 금방 친해지고 유대감이 느껴지는 사람을 만나 본 적이 있을 것이다. 또 금방 싫어지는 사람이나 가까이 있기 꺼려지는 사람도 만나 봤을 것이다. 당신이 라포를 형성할 때, 타인과 관계를 맺을 때, 타인이 당신으로 인해 편안함을 느낄 때, 카리스마의 효과를 증대할 수 있다. 사람들은 당신에게 좀 더 집중하게 되고 당신의 영향력을 원하며 기꺼이 마음을 열 것이다. 라포는 두 사람 혹은 그이상의 사람이 정신적·신체적·언어적으로 동일한 감정 상태에 도달할 때 형성된다. 만약 타인과 관계가 끊어져 있다면 다시 회복하기 위해 한 시간 또는 그 이상의 시간을 들여야 한다. 당신은 타인에게 어떤 인상을 주는 사람인가? 누군가와 금방 친하게 지낼 수 있는가? 카리스마가 있는 사람의 필수 조건은 관계를 위한 별다른 고민 없이 금방 사람들과 라포를 형성한다는 것이다.

라포를 형성한 관계는 신뢰감을 주고 당신과 사람들의 마음을 서로 통하게 해 준다. 아마 이러한 모습은 직장에서 많이 보았을 것이다. 처음 만난 사람인데 죽이 잘 맞았던 사람이 있는가? 게다가 풍성한 화젯거리를 찾으면 이전에 만난 적이 있는 것처럼 느껴질 것이다. 유대는 바로 이런 느낌이다. 그때 아주 편하고 시간 가는 줄 몰랐을 것이다. 상대가 무슨 말을 할지 알 것 같은 강한 유대감이 형성되고 매우 가깝게 느껴졌을 것이다. 당신의 의견이 잘 받아들여지고 상대와 함께 좋은 시간을 보냈다고 느꼈을 것이다. 이것이 바로 라포이다.

비언어적 메시지의 이해는 라포 형성을 촉진한다. 라포를 형성한 관계로 발전되었다고 어떻게 확신할 수 있을까? 당신은 친절한 척이 아니라 진실로 친절해지고 싶고, 귀찮거나 억지가 아닌 진정한 관계 맺기를 원한다. 관계를 형성하려면 직감을 발달시켜야 한다. 또한 대화를 조율하는 법을 알아야 한다. 이를 위해서는 상대가 주는 비언어적인 단서와 무언의 메시지를 읽고 그의 표정, 몸짓, 태도 뒤에 숨어 있는 진짜 감정을 파악해야 한다.

라포가 형성되면 사람들은 당신 곁에 있고 싶어 하고 당신 곁에 있다는 것만으로도 기분이 좋아진다. 그 결과 당신의 카리스마는 점점 더 위력을 갖게 된다. 그럼에도 라포와 카리스마를 형성할 때 부딪히는 난관이 있다. 그것은 라포를 형성한 직후 오히려 유대를 잃을 수도 있다는 것이다. 이 말은 무슨 의미일까? 대부분은 대화 내내 라포를 유지하는 방법을 잘 모른다. 단지 어색한 분위기를 깨어 마음을 열게 하는 방법만 알고 있다.

하지만 이런 방법은 우리가 사람들에게 도움과 기부를 요청하거나 인생을 변화시키고자 할 때 굉장히 이상한 상황을 유발한다. 이를테면 안 그러던 사람이 갑자기 심각해지고 행동이나 태도가 변한 것처럼 보이는 것이다. 사람들은 이것을 보고 어떻게 생각하겠는가? 불과 10분 전만 해도 함께 웃고 장난치다가 갑자기 전혀 다른 사람으로 변한 것이다. 어떤 것이 본래 모습일까? 이러한 갑작스러운 변화는 라포를 깨트리며 일관되지 않은 사람으로 보이게 한다.

☾•• 맹점

사람들은 타인이 보는 자신의 모습, 앞으로 인생에 일어날 일, 다음으로 해야 할 것, 자존심을 높일 수 있는 방법 등에 너무 많은 관심을 쏟는다. 그러면 우리는 타인과 친해지고 라포를 형성하는 것을 잊어버리게 된다. 여기서 두 가지 맹점을 알 필요가 있다. 첫째, 우리는 시간을 들여 타인에게 진심으로 관심을 갖고 친해지려 하지 않는다. 둘째, 친해지기 위해 가식적인 노력을 하는데 실제로도 상대에게 그런 인상을 주게 된다. 상대는 이를 알면서도 당신에게 말하지 않기 때문에 당신은 친해졌다고 생각한다. 라포는 카리스마에 꼭 필요하다. 사람들이 당신과 이야기를 나누고 친절하게 대한다고 해서 그들과 라포를 형성할 수 있는 것은 아니다.

적용

악수는 좋은 첫인상을 만들기도 하고 깨트리기도 한다. 따라서 라포에 도움이 될 때도 있지만 때로는 오히려 관계를 무너뜨릴 수도 있다. 악수는 우리의 강함과 약함, 무관심, 따뜻한 마음을 전달한다. 당신은 어떤 인상에 해당하는가? 다음은 타인과 악수할 때 주의해야 할 사항이다.

- 눈을 마주치는 시간의 길이
- 악수하는 손의 세기(강약)
- 악수를 지속하는 시간
- 손의 습기
- 손을 마주 잡는 깊이

한 사람 또는 수많은 이들과 금방 친해질 수 있는 사람을 알고 있는가? 오프라 윈프리Oprah Winfrey는 1983년 미국 시카고에서 TV 방송을 시작했다. 이 프로그램은 시청률이 최저에서 1위 자리로 빠르게 올라갔다. 게스트와 청중은 오프라 윈프리의 성격, 대화 스타일, 진솔함, 사람에 대한 진실된 관심에 편안함을 느꼈다. 그녀는 자기 자신과 개인적인 인생을 게스트와 동등하게 나눴는데 이는 그녀와 팬 사이에 라포를 형성시켰다.

그녀는 인생에서 위기를 수없이 경험해 봤기 때문에 게스트의 심정을 이해하고 함께 울기도 했다. 그녀는 편하게 고민을 털어놓고 이야기할 수 있는 가까운 친척처럼 느껴졌다. 그녀는 공감을 표출하고 유머를 사용했으며, 진심으로 게스트를 걱정하고 살폈다. 오프라 윈프리는 멋진 라포를 형성한 것이다.

카리스마 비결

사람들과 좀 더 빠르게 관계를 맺고 라포를 형성할 수 있는 방법은 따라 하기와 일치시키기이다. 오늘 당신이 만나고 대화를 나누는 모든 사람들에게 다음을 시도해 보라. 우리는 종종 자기도 모르는 사이에 무의식적으로 타인의 행동, 버릇, 분위기, 몸짓언어를 따라 한다. 이러한 행동은 타인과 대화를 나눌 때 나타나는 자연스러운 현상이다. 친목 모임에서 사람들이 서로의 몸짓언어와 태도를 일치시키는 경향이 있다는 것을 알고 있는가? 당신이 청중과 비슷한 행동을 취할 때 그들은 당신과 통한다고 느끼게 된다. 사람들은 자신과 비슷하다고 여겨지는 사람을 따르는 경향이 있다는 사실을 기억하라.

만약 상대가 자세를 바꾸면 당신도 그 자세를 취하라. 상대가 다리를 꼬고 앉으면 당신도 따라서 다리를 꼬아라. 미소를 지으면 함께 미소를 짓는다. 오늘 하루 따라 하기와 일치시키기 기술을 시도해 본다면 놀라운 효과를 느낄 수 있을 것이다.

자신의 라포에 점수를 매겨 보자.
점수를 275쪽에 적는다.

0	1	2	3	4	5	6	7	8	9	10
매우 약함		약함			보통		강함			완벽함

추가적인 카리스마 정보와 오디오(lawsofcharisma.com)

• 관련 기사
• 관련 오디오 : '항상 청중을 설득하는 법'
• 활동지

어려움에 맞서는 희망, 불확실성에 맞서는 희망,
바로 이것이 희망의 대담성이다.
결국 그것은 하나님이 우리에게 주신 선물이자
이 국가의 토대이다.

— Barack Obama

The LAWS OF CHARISMA

Part 4

타인에게 권한 부여하기
전염되는 협력

눈먼 자가 눈먼 자를 인도하면 둘 다 물웅덩이에 빠진다.

사자와 생쥐 이야기

힘 센 사자는 정글의 왕이다. 어느 날 사자가 낮잠을 자고 있을 때 생쥐 한 마리가 사자의 등을 지나 다리 아래로 내려갔다. 잠에서 깬 사자는 매우 화가 나서 무서운 발톱이 달린 큰 발로 생쥐를 잡았다. 사자는 생각했다. '이 작은 생쥐는 뭐지? 내가 얼마나 힘이 센지 모르나? 내가 한 번에 짓밟아 버리거나 언제든지 잡아먹을 수 있다는 걸 모르는 것 같은데.'

사자는 생쥐를 통째로 삼키려고 했다. 그러자 생쥐가 말했다. "용서해 주세요, 왕이시여. 이번 한 번만 용서해 주신다면 다시는 그러지 않겠습니다. 저를 놓아주시면 언젠가는 은혜를 갚겠습니다." 사자는 작은 생쥐가 크고 힘센 자신에게 보답할 수 있다고 생각하는 것이 우스웠지만 기분이 좋아져서 풀어 주었다.

그로부터 6개월 뒤, 사자는 사냥을 잘하기로 소문난 사냥꾼의 덫에 걸리고 말았다. 사냥꾼은 사자가 탈출할 수 없는 아주 두껍고 튼튼한 줄로 사자를 묶어 올렸다. 사자가 아무리 애써 봐도 줄은 풀리지 않았다. 더 이상 희망이 보이지 않자 사자는 그만 포기하고 말았다.

그날 밤 생쥐가 우연히 그 옆을 지나가다 곤경에 처한 사자를 보았다. 사냥꾼이 잠든 사이 생쥐는 사자가 묶여 있는 줄을 갉았다. 해가 뜨기까지 고작 한 시간이 남았을 때 드디어 줄이 끊어졌다. 사자가 저 멀리 도망가는 것을 보고 생쥐는 웃으면서 말했다. "나도 은혜를 갚을 수 있다고 말했잖아요."

　우리가 만나는 사람들, 알고 지내는 사람들 모두가 우리의 성공과 행복에 도움이 될 수 있다. 타인에게 권한을 부여하고 타인을 대할 때 존중하는 마음을 가지면 그들로부터 열 배로 보답받는 일이 생긴다. 타인에게 영감을 불러일으키고 동기를 부여하는 방법, 하나의 비전을 세우도록 하는 방법을 배워라. 그러면 당신이 가장 필요한 순간에 주변 사람들이 당신을 돕고자 할 것이다.

타인에게 권한 부여하기의 기술/특성

- 고취
- 자존감
- 신뢰성
- 동기 부여
- 호의
- 비전
- 공감
- 존중

고취
강점과 에너지

사람들은 게으르지 않다. 그들은 단지 무력한 목표
—고취하지 못하는 목표—를 가졌을 뿐이다.
– Anthony Robbins

당신이 고취적이지 못하다면 누군가를 고취하지 못할 것이다. 카리스마가 있는 사람들은 타인을 고취하는 능력과, 사람들의 감정을 조절하고 금방 분위기를 띄워 주변의 에너지를 증가시킬 수 있는 힘을 가지고 있다. 타인을 새로운 단계로 고취하는 카리스마 있는 사람을 만났을 때 그 영향력은 매우 단순해 보인다. 하지만 카리스마가 있고 고취적인 사람으로 살아가는 데에는 많은 시간을 투자해야 한다. 이는 가끔 한다고 해서 되는 일이 아니다.

당신이 타인을 고취하는 능력을 가지고 있을 때, 사람들은 당신의 기대만큼 성장할 것이다. 그들은 성장하고 자신을 발전시키고 싶어 한다. 그들은 당신의 높은 기대 속에서 멋지게 성장한다. 그들은 당신이 자신들의 정신을 고양시키고 자신들을 최고치까지 고취해 주기를 바란다. 라포의 형성이 희망과 에너지를 주고 고취하며 주위를 생기 있게 만들기 때문이다.

불행하게도 우리 주변에는 좌절시키거나 힘을 빼앗아 가는 사람들이 있다. 희망의 반대인 절망은 우리가 어떤 사건을 변화시키는 데 무기력함을 느끼거나 인생에서 목표 의식을 잃었을 때 나타난다. 절망은 방향 감각을 잃게 하기 때문에 우리는 현실성을 잃을 수 있다.

사람들은 대부분 자신이 부정적이거나 절망에 빠져 있는지를 모른다. 그들은 주위 모든 사람들의 인생을 고갈시킨다. 누구나 절망이나 두려움 또는 걱정을 통해 타인이 무엇인가 하도록 만들 수는 있다. 문제는 그러한 방법이 일시적이라는 것이다. 절망이나 두려움에 의해 좌지우지되는 사람들은 보통 이것에 지배당하지 않는 데에만 정신이 팔려 있다. 자신의 미래는 내버려 둔 채 말이다.

고취 대신 절망을 사용하는 것의 차이는 다음과 같다. 고취는 희망과 팀워크를 향상하는 반면, 절망은 두려움과 경쟁을 유발한다. 절망은 보통 두려움에 근거한다. 사람들은 당신이 원하는 방식대로 압박받거나 괴롭힘을 당하는 것을 좋아하지 않을 것이다. 앞에서는 당신에 대한 부정적인 감정을 숨긴다 해도 두 번 다시 당신과 일하고 싶어 하지 않을 것이다. 절망은 형편없는 결정을 초래하고 원치 않는 선택을 강요하며, 선택의 기회를 줄이고 후회를 낳는다. 절망은 매우 파괴적이고 사람들의 에너지를 고갈시킨다. 당신의 목표는 희망을 심어 주는 것이다.

새뮤얼 스마일스Samuel Smiles는 이렇게 썼다.

"희망은 우리가 그것을 향한 여행을 하는 동안 뒤에 있는 우리의 짐, 그림자를 뒤따르는 태양과 같다. 희망은 우리의 성장과 강점을 응원한다. 그것은 어려울 때 친구가 되어 주고, 밝은 시간 속에서 우리를 흥분시킨다. 희망은 미래에는 약속을, 과거에는 목표를 설정하도록 했다. 그리고 낙심과 좌절을 불굴의 투지로 변화시킨다."

만약 카리스마를 지속하고 싶다면 당신의 비전과 감정에 근거한 고취에 의지해야 한다. 고취했을 때 나타나는 긍정적인 결과는 분명하다. 고취된 사람들에게는 무언가를 성취하기 위한 당근이 필요하지 않다. 겁주기 전략은 사용할 필요도 없다. 당신이 고취할 때 사람들은 스스로 동기 부여가 될 것이고 무언가가 자신을 이끌어 주기를 기다리고만 있지 않는다. 타인을 고취하는 것은 장기적인 동기 부여의 유일한 방법이다. 이는 사람들로 하여금 절망, 무계획, 비난으로부터 멀어지게 할 수 있다. 당신은 미래에 그들에게 희망을 준다. 당신은 카리스마와 미래를 품은 마음으로 사람들을 이끌고 고취할 수 있을 것이다.

맹점

인간은 어떤 일을 시도할 때 두려움과 절망감이 자동적으로 일어나도록 프로그래밍되어 있다. 하지만 이는 단기적으로는 통할지 모르지만 장기적으로 고취하고 강력한 카리스마를 주기 위한 방안으로는 적합하지 않다. 두려움은 쉽게 생겨나므로 이를 조정하는 데 그리 많은 재능과 기술이 필요하지 않다. 사람들은 두려움이라는 전략을 우리에게 사용해 왔고 우리도 역시 그 전략을 쉽게 사용할 수 있을 것이다.

자신이 하고자 하는 바를 타인이 하도록 하기 위해 두려움이나 절망을 사용할 때 권한이 위임됨을 느낀다. 그러나 이러한 당신의 대응이 짧은 기간 동안에는 사람들을 따르게 할 수 있지만 장기적으로는 억울함과 분노를 만들어 낼 것이다. 당신은 영향을 주려고 한 첫 시도가 효과가 없을 때 두려움과 절망을 이용하려 들 것이다. 두려움이 당신의 자동적인 반응이라는 것을 인식조차 하지 못하고 말이다.

적용

그렇다면 당신이 사람들을 고취한다는 것을 어떻게 알 수 있을까? 당신이 팀워크를 향상한다는 것을 어떻게 알 수 있을까? 당신이 사람들로부터 최상의 것을 얻고 있는지 어떻게 알 수 있을까? 사람들이 고취되었는지, 절망에 갇혀 있는지 알기 위해 생각해 봐야 할 몇 가지 질문이 있다.

- 당신과의 상호작용 이후 사람들은 자신이 좀 더 괜찮아졌다고 느끼는가? 만약 그렇다면 그들은 고취된 것이다(그들이 더 나쁘다고 느낀다면 절망한 것이다).
- 그들은 당신이 그들의 노력에 기뻐하고 고마워한다는 것을 아는가? 만약 그렇다면 그들은 고취된 것이다(당신이 어떻든 상관없다고 생각한다면 그들은 절망한 것이다).
- 그들은 당신이 진심으로 관심을 가지고 있고 자신들을 도와줄 것이라고 생각하는가? 만약 그렇다면 그들은 고취된 것이다(자신이 단지 팀원 중의 하나일 뿐이라고 생각한다면 그들은 절망한 것이다).
- 당신은 그들의 의견과 피드백을 주의 깊게 듣고 관심을 가지는가? 만약 그렇다면 그들은 고취된 것이다(당신이 비평할 때 그들이 방어적인 태도를 취한다면 그들은 절망한 것이다).
- 그들은 회의와 대화에 활발히 참여하는가? 만약 그렇다면 그들은 고취된 것이다(참여가 적고 말하기를 두려워한다면 그들은 절망한 것이다).
- 그들은 실수나 부족한 점에 대해 마음 놓고 인정하는가? 만약 그렇다면 그들은 고취된 것이다(남의 탓을 하거나 당신의 잘못으로 만든다면 그들은 절망한 것이다).

사례

조지 워싱턴George Washington은 주변 사람들을 고취하는 사람이었다. 그는 미국의 첫 번째 대통령이고 미국 독립전쟁 당시에는 군사령관이었다. 그는 고집이 세고 강한 카리스마를 가진 것으로 유명했다. 역사책을 통해 알 수 있듯이 1777~1778년 밸리포지 지역의 혹독한 겨울은 절망만이 가득했다. 워싱턴과 그의 군대는 주둔하는 6개월 동안 질병이 창궐하고 원자의 노출 때문에 병력의 25퍼센트를 잃었다. 누구라도 다른 부대의 지원을 기다렸을 것이다. 그러나 워싱턴은 자신이 건립한 나라와 백성에게 언제나 희망을 주었다. 절망적이던 시기에 국민은 그의 행동을 통해 용기를 가졌다.

카리스마 비결

카리스마를 강화하기 위해 당신은 사람들이 성공의 새로운 단계를 성취하도록 고취해야 한다. 너무나도 많은 사람들이 절망에 빠져 버린다. 그들은 무언가로부터 벗어나려 하기 때문에 절망 속에 있는 것이다. 당신은 그들이 고취되고 의미를 찾도록 함으로써 미래에 대한 희망을 줄 수 있다. 오늘 누군가를 절망에서 희망으로 변화시키기 위해 우리는 무엇을 할 수 있을까? 사람들은 의미 있는 것을 위해 노력하고자 한다. 아마도 이전에 시도도 해 봤을 것이고 실패도 해 봤을 것이다. 희망을 불어넣어 주고 그들이 스스로 할 수 있다고 느끼도록 돕기 위해 우리는 어떤 질문을 할 수 있을까?

자신의 고취 능력에 점수를 매겨 보자.
점수를 275쪽에 적는다.

0	1	2	3	4	5	6	7	8	9	10
매우 약함		약함			보통			강함		완벽함

자존감
자아 이해하기

주변 사람들을 살피지 않고서 무언가를
성취한다는 것은 매우 놀라운 일이다.
— Harry S. Truman

 자아를 이해한다는 것은 매우 단순한 일이다. 우리는 우리를 좋아
하는 사람을 좋아하고, 우리를 좋아하지 않는 사람은 좋아하지 않는
다. 거의 모든 사람들이 칭찬하기, 타인의 자존감 북돋아 주기, 긍정적
인 면 발견하기에 어려움을 느낀다. 대부분은 열의도 거의 없고 높은
자존감도 찾기 힘들다. 이것은 자기 안에 있는 만족감이나 자기 자신
을 얼마나 좋아하느냐에 달려 있다. 이를 이해하기 위한 핵심은 보다
더 카리스마 있는 사람이 되는 것이고, 여기에는 건강한 자존감과 타
인의 자존감을 끌어올릴 수 있는 능력이 필요하다.

우리는 낮은 자존감으로 인해 다른 측면으로부터 고통을 받는다. 누군가를 비난하거나 단점을 지적하기보다는 자신을 솔직하게 인정해 보자. 높은 자존감을 지닌 사람들은 강하고 안정적이다. 그들은 자신이 틀렸을 때 인정할 수 있고 비평과 부정적인 성향에도 흔들리지 않는다. 건강한 자존감은 그들 인생의 모든 면, 즉 직업, 관계, 사회적 상호작용에 스며든다.

자존감을 향한 인간의 기본 욕구에 대한 이해는 비판적이다. 사람들은 스스로 원하고 중요하다고 느낄 때 영향을 잘 받는다. 다른 사람들에게 신체적으로 해를 입히거나 그들의 음식과 물을 갈취하는 것은 전혀 생각해 보지 않았을 것이다. 그러나 종종 자신도 모르게 사람들에게 감정적으로 상처를 주거나 칭찬과 감사를 빼앗는다. 우리는 다른 사람들이 우리를 받아들여 소속감을 느끼길 바란다. 또한 주목을 받고 사람들이 나에게 고마워하며, 문제를 해결하는 데 내가 많은 도움을 주었다고 느끼길 바란다. 똑같은 방법은 아니지만 모든 사람들은 인정을 받고 싶어 한다. 아무런 조건 없이 사람들로부터 동의를 얻었을 때, 당신은 그들의 의심과 두려움이 창문 너머로 고개를 드는 것을 보고 당신의 카리스마가 떠오르는 것을 느낄 것이다.

사람들의 자존감을 북돋는 쉬운 방법 중의 하나는 진심 어린 감사를 표현하는 것이다. 그들이 한 일이나 해야 할 일에 대한 감사를 표현하라. 당신이 많이 고마워한다는 것을 알고 있으리라고 생각하지 말라. 예를 들어 당신은 주로 직장에서 불만을 느낀다. 왜냐하면 사람들이 고마워하지 않거나 당신의 노력을 알아주지 않기 때문이다. 평소에 그러지 않았기 때문에 일반적인 행동에 대해 감사를 표하는 것이 조금 어색할 수 있다. 그러나 감사는 그만큼 힘과 노력을 들일 가치가 있다.

다음으로 중요한 것은 사람들의 마음을 읽어 내고 우리가 생각하는 것과는 반대일지도 모르는 낮은 자존감에 대한 신호를 이해하는 것이다. 그 신호는 약자를 괴롭힌다거나 항상 자신이 옳아야만 하는 것, 험담, 되레 화를 내는 것이나 상대방에 대한 분노일 수 있다. 카리스마적인 사람들은 이런 신호를 읽어 낼 수 있으며 사람들의 자존감을 높여 주고 자존감과 행동을 연결시킬 수 있다. 타인의 자존감을 북돋는 것은 자신감을 높여 주는 것으로 사람들의 태도와 행동이 더 좋아지게 한다. 이 말은 부정적이거나 비판적인 말을 하지 말라는 의미가 아니다. 단지 하나의 부정적인 말이 열 개의 긍정적인 말보다 훨씬 감정적인 영향을 준다는 것을 주의하라는 것이다. 칭찬은 우리에게 매우 중요한 영향을 미친다는 것을 명심하고 칭찬을 적절히 사용하자.

☾•·· 맹점

우리는 인생에서 어떠한 형태로든 낮은 자존감으로 고통을 받고 있는 것이 현실이다. 오늘날 자존감은 사상 최저인데 이는 증명된 연구 결과이다. 전반적으로 매년 자존감이 낮아지고 있으며, 우리가 일상의 상호작용에서 마주하게 되는 많은 위기가 사실은 우리의 낮은 자존감에서 비롯된다는 것을 모른 채 살아간다. 즉 인간의 자아를 이해하지 못한다는 것이다. 우리는 단지 좋은 말을 해 줌으로써 누군가의 자존감을 높일 수 있다고 생각한다. 이런 유형의 칭찬은 보통 상대에게 진심이 아니라는 인상을 풍긴다.

당신이 대화를 통해 무언가를 얻으려고 한다는 것을 상대가 느낀다면 당신의 말이 언제나 되돌아올 것이다. 먼저 당신의 낮은 자존감이 카리스마 발휘에 어떤 영향을 미치는지 이해해야 한다. 그리고 현실적이고 진지하게 누군가의 자아를 성장시킬 수 있는 능력을 향상한다.

◐•• 적용

칭찬에는 대가가 없지만 결과는 매우 놀랍다. 칭찬이 효과가 없다면 그 이유 중 하나는 올바르게 칭찬하는 방법을 배우지 못해서이다. 효과적인 칭찬과 카리스마를 키우는 데에는 다음과 같은 몇 가지 특정 요소가 포함된다.

- 구체적으로 칭찬한다.
- 부인할 수 없는 칭찬을 한다.
- 말에 진심을 담는다.

- 공식적인 자리에서의 칭찬은 사적인 자리에서의 칭찬보다 강력하다.
- 즉시 칭찬한다.
- 모든 칭찬은 긍정적으로 한다.

사례

사람들에게 그들의 중요성을 알려 줄 때 우리의 카리스마와 그들에게 미치는 영향력이 증가한다. 앤드류 카네기Andrew Carnegie는 성공한 사업가이자 자선사업가였다. 그는 미국으로 이민을 가서 철도 사업에서 전신기사 일을 했다. 그는 훗날 철도·철강 산업을 이끄는 데 큰 공헌을 했다. 실수입 면에서 그는 종종 존 D. 록펠러에 이은 두 번째 부자로 여겨졌다.

카네기는 철강을 펜실베이니아 철도산업에 팔려고 계획했다. 피츠버그에 새로운 철강 공장을 세웠을 때, 그는 공장의 이름을 차기 펜실베이니아 철도산업 대표의 이름을 따서 'J. Edgar Thompson Steel Work'라고 지었다. 톰슨이 카네기에게 독점적으로 철강을 구매한 일로 그를 매우 추켜세웠던 것이다. 자존감을 이해하는 것은 매우 단순하지만 강력하다.

많은 사람들은 칭찬을 잘 하지 않는다. 칭찬이 겉치레로 보이거나 상대가 믿지 않거나 심지어 화를 낼까 봐 걱정하기 때문이다. 내 생각에 당신이 이 같은 걱정을 하고 있다면 아마 겉치레는 아닐 것이다. 사람들을 진정으로 살피고 구체적으로 칭찬한다면 그들이 마음을 열게 되고 당신의 카리스마가 향상될 것이다.

오늘 작은 일에 대해 칭찬해 보자. 그러면 더 큰 일을 칭찬하기가 한결 쉬워질 것이다. 칭찬할 사람을 찾아보자. 당신이 얼마나 자주 칭찬을 할 수 있는지, 칭찬이 얼마나 쉬운지, 칭찬의 효과가 얼마나 좋은지 놀랄 것이다. 대부분의 사람들이 낮은 존중감 때문에 칭찬을 하지 않는다는 것을 인식한다면 칭찬을 더 넓은 시각에서 보게 되고 칭찬의 의미를 더 자각할 수 있을 것이다. 칭찬은 기분 좋은 공짜임을 기억하라.

자신의 자존감에 점수를 매겨 보자.
점수를 *275쪽에* 적는다.

0	1	2	3	4	5	6	7	8	9	10
매우 약함		약함			보통			강함		완벽함

신뢰성
현실 vs. 인식

누군가는 세상에 알려진 훌륭한 연설가로 나설 수 있다.
두뇌 회전이 빠르고 영리한 심리학자를 고용할 수 있으며,
토론의 모든 기술적인 방법을 마스터할 수 있다.
그러나 신뢰가 없다면 새에게 연설하는 것처럼 될 수 있다.

– Gerry Spence

신뢰가 있다면 사람들은 당신을 믿을 만한 사람으로 생각하고, 어떤 일을 해내거나 문제를 해결하기 위한 전문 지식을 갖고 있다고 여긴다. 신뢰는 지식, 실적, 외모에 기반을 둔다. 과거에는 어떤 일이 있었는가? 당신은 모든 약속을 지켰는가? 사람들에게 절반만 솔직한 사람으로 알려져 있는가? 아니면 진실을 숨기는 사람으로 알려져 있는가? 당신은 항상 충실하게 임하는가? 실수를 인정하는가? 자신감을 갖고 현실을 직면하는가? 이러한 질문의 답은 신뢰에 대한 당신의 인식을 돕거나 해칠 것이다.

신뢰는 말과 행동이 일치할 때 증가한다. 인식이란 당신이 의지를 갖고 할 수 있음을 가능하게 하는 것이다. 높은 신뢰성은 사람들의 믿음을 향상하고 책임을 증가시킨다. 반면에 낮은 신뢰성은 동기를 떨어뜨리고 비난을 야기하며 부족한 지지 상태를 드러낸다. 당신의 카리스마가 크게 돋보인다면 당신은 사람들에게 롤 모델이 될 것이다. 다른 사람들에게 하라고 요청한 바를 당신도 해 보라. 해야 할 것들을 솔선수범해서 하라. 사람들은 당신을 주시하고 있다. 당신이 말한 것을 행동으로 옮겨라.

억지든 아니든 어떻게 해야 내 행동이 신뢰를 줄 수 있을까? 차분하고 준비성 있으며 권위 있는 태도로 자신을 소개하는 법을 배워라. 지나치게 감정적이거나 허둥지둥하는 모습은 신뢰를 창문 밖으로 던지는 것과 같다. 신뢰성 있는 사람들은 목 없는 닭처럼 정신없이 설치지 않고, 무질서하거나 통제 불능인 것처럼 보이지 않는다. 그들은 스스로를 제어하고 항상 차분하다. 또한 실제로는 그런 사람이 아니라 할지라도 외관상으로는 그렇게 보인다. 한 연구에서는 약속 시간을 잘 지키고 준비를 잘하는 것이 신뢰에 대한 첫인상을 극적으로 향상한다는 결과를 밝혔다. 신뢰에 매우 나쁜 영향을 주는 두 가지는 속임수와 의심이다.

- 속임수 : 거짓말이나 속임수는 어떤 것이든 대체로 금방 티가 나고 신뢰에 영향을 미친다. 사람들이 거짓말이라고 말하지 않는다면 넘어갈 것이라고 생각하지만 그렇지 않다. 사람들은 거짓말을 감지하지만 아무 말 하지 않은 채 머릿속에 기억해 둔다. 어떠한 속임수로든 신뢰를 잃어버릴 위험을 만들어서는 안 된다. 속임수는 가치가 없고 위험하다.

- 의심 : 의심을 없애려면 오히려 약점을 드러내라. 흥미롭게도 요즘 사람들은 의심이 많기 때문에 당신이나 당신의 결과물에서 마구 약점을 찾는다. 만약 당신이 그들에게 약점을 보이지 않는다면 그들은 당신에게 일을 맡길 것이다. 예를 들어 당신의 결과물이나 서비스가 가장 비싸다면 약점을 숨기지 말고 마치 그것이 강점인 것처럼 드러내라. "이것은 동급 제품 중 최고입니다. 더 많은 기능을 갖고 있으며, 다른 선두 브랜드보다 지속 기간이 두 배입니다." 작은 약점을 드러내는 것은 사람들로 하여금 실수나 단점을 덮으려는 사람보다 더 정직하고 믿을 만한 사람이라고 느끼게 하는 경향이 있다. 우리가 실수와 약점을 충분히 시인할 때 신뢰가 커진다. 사람들은 약점은 용서할 수 있지만 핑계는 쉽게 용서하지 않는다.

맹점

신뢰는 카리스마에 필수적이다. 여기서의 맹점은 당신이 이미 신뢰를 갖고 있으며 스스로 믿을 만한 사람이라고 생각하는 것이다. 당신은 그 분야에서 가장 똑똑한 사람이자 적임자일 수 있다. 그러나 그렇다고 해서 공인된 것은 아니며 신뢰를 가진 것도 아니다. 당신이 전문가라 하더라도 항상 그런 인상을 주지 못한다면 신뢰가 있다고 할 수 없다. 만약 누군가가 당신이나 당신 회사에 대해 어떤 부정적인 것을 드러낸다면 당신의 신뢰는 망가진 것이다. 우리는 스스로 믿을 만한 사람이라고 생각하기 때문에 흔히 신뢰에 대해 생각하지 않는다. 우리는 항상 진실을 말하고 전문 지식을 가지고 있다고 생각한다. 이것은 아마 사실일 테지만 신뢰는 사실이 아니라 인식이다. 신뢰는 주어지는 것이 아니라 얻는 것이다.

 적용

이미 알고 있듯이 거짓말과 속임수는 그동안 쌓아 온 신뢰를 파괴한다. 대부분은 면전에 대고 거짓말쟁이라고 말하지 않지만 앞으로 당신의 말은 믿지 않기로 조용히 결심한다. 사람들은 적당히 둘러댈 것이다("잘 모르겠습니다.", "나중에 얘기합시다.", "생각해 볼게요."). 그리고 당신에게 다시는 말을 걸지 않을 것이다. 신뢰와 관련된 어떤 위험 신호를 조심해야 할까? 만약 당신의 신뢰가 낮다면 어떻게 알 수 있을까? 다음과 같은 것들이 당신에게 일어나고 있지는 않은가?

- 상사에 대한 불평
- 재고해 볼 필요성
- 다시 전화하지 않는 것
- 약속 취소
- 다시 맡은 작업의 실패
- 충실하지 않은 행동

사례

1930년에 네브래스카 주 오마하에서 태어난 워렌 버핏Warren Buffett
은 역사적으로 가장 성공한 투자자이자 세계에서 가장 부유한 사람 중 하나이다. 또한 매우 검소한 것으로 유명하며, 재산의 85퍼센트를 기부하기로 서약했다. 그는 21세기의 최고 경영자로 선출되었다. 만약 경영 부문과 어떤 주식에 투자해야 하는지 알고 싶다면 워렌 버핏과 이야기하라. 돈과 관련된 무엇이든 알고 싶다면 워렌 버핏과 이야기하라.

그는 모든 사람들이 경청하고자 하는 경험, 실적 그리고 신뢰를 갖고 있다. 그가 말하는 것을 본다면 그의 태도나 행동이 당신의 기대를 벗어나지 않으며 그를 향한 신뢰가 샘솟는다. 그는 최선을 다해 멘토링을 하고(벤저민 그레이엄) 훈련을 했으며(데일 카네기 코스) 투자 실적 역시 최고였다.

비결은 당신의 신뢰를 지속적으로 향상하는 것이다(어디서부터 시작하든 상관없다). 신뢰에 위기가 닥쳤을 때 이를 극복하기 위해 무엇을 할 수 있을까? 당신이 받게 될 질문에 대해 많이 준비하고 예측하라. 즉흥적인 대답으로는 신뢰나 카리스마를 얻을 수 없다. 허풍쟁이라는 인상을 주지 않고 신뢰를 향상할 방법을 찾아라. 전문가처럼 인식되면서 갖고 있는 전문 지식과 자격, 교육, 경험 등을 나타내려면 어떤 행동과 말을 해야 할까? 창의력을 발휘하라. 사례를 들어 신뢰를 쌓고 누군가에게 당신 자신을 소개하라.

자신의 신뢰성에 점수를 매겨 보자.
점수를 275쪽에 적는다.

0	1	2	3	4	5	6	7	8	9	10
매우 약함		약함			보통			강함		완벽함

chapter 26

동기 부여
능력에 불을 붙여라

동기 부여는 당신이 남들에게 원하는 바를
그들이 자진해서 할 수 있게 만드는 기술이다.

— Dwight D. Eisenhower

어떻게 하면 사람들의 기본적인 바람과 필요를 가지고 동기를 부여
할 수 있을까? 어떻게 하면 사람들이 해야 할 일을 별로 내켜 하지 않
을 때도 하게 만들 수 있을까? 카리스마가 있는 사람은 타인이 장기
적으로 스스로 동기를 부여받게 만든다. 그리고 타인이 목표를 시각화
하도록 도울 수 있고 그 목표에 도달할 수 있을 것 같은 느낌이 들게
만든다. 이러한 동기 부여는 사람들이 스스로 목표를 설정하고 자신들
에게 닥친 문제를 해결하며 스스로 결정을 내릴 수 있게 해 주면서도
그들이 한 팀에 속해 있다는 느낌을 준다. 목표를 성취할 때까지의 여

정은 길고 힘들며 지쳐서 조바심이 날 수 있다. 카리스마는 사람들을 움직이게 하고 동기를 부여하며 그들이 지쳐 있을 때 정신을 차리게 해 준다.

사람들이 지쳐 있을 때는 어떻게 해야 할까? 때때로 우울한 느낌이 드는 것은 피할 수 없다. 절대 기분 나쁜 일이 생기지 않거나 동기 부여를 잃지 않을 것이라고 말하지 말라. 일이 힘들어질 때 또는 성공 가망성이 없어 보일 때를 대비하여 사람들의 마음을 준비시켜야 한다.

사람들이 동기 부여되도록 고양하고 그들에게 힘을 실어 줄 수 있는 방법은 두 가지가 있다. 첫 번째는 개인적인 능력의 계발이다. 그들이 정신을 이용하고 지식을 늘리며 기술을 개선할 수 있게 도와준다면 당신은 추진력과 동기 부여 기술을 새롭게 발견하게 될 것이다. 그들은 절박한 느낌과 방향성을 갖게 될 것이며, 그 절박함과 방향성은 전보다 더 빠르고 높이 움직이게 해 줄 것이다. 사람들이 배우고 성장할 수 있게 도와주면 더 긍정적이 되고 동기 부여가 된다는 것을 우리는 알고 있다. 따라서 그들의 자존감도 높아진다. 그들은 자신이 성공하는 데 필요한 도구와 정신적 자산을 갖고 있다고 느끼게 된다. 개인적 계발에 초점을 맞추면 자신의 정신, 지식, 기술을 잘 사용하게 된다.

카리스마가 있는 사람은 타인이 지식을 갈구하고 자기 자신을 개선하고자 하는 내적 필요성을 느끼도록 도와준다. 또한 타인이 성장하고 향상되며 그들이 과거에는 할 수 없었던 일, 그들의 능력을 확장하고 도전하려 했던 일을 성취하고 싶은 마음이 들게 도와준다. 사람들이 성장할 수 있는 역량이 커지고 성장하고 싶은 욕망이 커질수록 동기 부여는 쉬워진다.

사람들에게 동기를 부여하고 힘을 실어 줄 수 있는 두 번째 방법은 그들 스스로 목표를 설정하게 하는 것이다. 이 세상에서 우리는 바로 지금 모든 것을 원한다. 우리는 빨리 고쳐지기를 바라고, 금방 얻을 수 있는 만족과 즉각적인 결과를 원한다. 게다가 이 모든 것을 최소한의 노력으로 얻고자 한다. 이러한 유형의 사람들에게 어떻게 동기를 부여할 수 있을까? 한 가지 방법은 목표 설정의 힘을 이해하는 것이다.

목표 설정이라는 개념은 지금까지 잘못 사용되어 너무 남용되었다. 목표 설정을 정말 할 줄 아는 사람은 아주 드물다. 중요한 것은 타인이 목표를 설정하고 성취하는 것을 돕는 일뿐 아니라 각 목표가 무엇인지를 정확하게 전달할 줄 아는 것이다. 사람들은 새로운 도전 과제를 환영하고 자신이 거기에 맞설 수 있다고 믿어야 한다. 그들은 또 당신이 그들에게 헌신하고 있다는 것을 알고 스스로 자신의 목표를 성취할 수 있음을 믿어야 한다.

표면적으로 대부분은 목표를 설정하는 데 저항하는데, 이는 어느 누구도 그들에게 제대로 된 방법을 가르쳐 준 적이 없기 때문이다. 그러나 인간은 목표를 설정하고 성취하도록 설계되어 있다. 당신이 할 일은 그들이 목표를 설정하고 자신의 생활 속에 표적을 가질 필요성을 재발견할 수 있도록 도와주는 것이다. 타인의 목표 설정을 도와주면 미래에 대한 그들의 기대가 높아진다. 카리스마는 타인이 성취하고자 하는 것을 발견하고 그 목표를 성취하는 것을 볼 수 있게 도와주는 것이다. 그들의 확장을 도와주면 그들의 동기와 추진력이 커질 것이다.

●•• 맹점

맹점은 우리에게 동기 부여된 것이 다른 사람들에게도 그대로 동기 부여될 것이라고 생각하는 것이다. 이것을 직시하라. 우리는 모두 다르며 다양한 것들로부터 동기 부여를 받는다. 사실 오늘 어떤 사람에게 작용했던 동기 부여 유형이 내일은 쓸모없을 수도 있다. 대부분의 관리자들은 사람들이 일을 하게 만드는 최고의 동기 부여로 보상을 꼽는다.

그러나 직원들에게 동기 부여가 가장 잘되는 것을 물어본다면 재미있고 영감을 주는 일터라고 대답할 것이다. 보상은 다섯 번째 정도의 순위일 것이다. 사람들에게 동기를 부여하는 것이 무엇인지 정말 알고 있는가? 사람들의 마음을 읽고 그들에게 동기를 부여하는 것이 무엇인지 이해하는 방법을 배우자.

●•• 적용

사람들을 조종하고 압력을 행사하거나 그들의 위신을 떨어뜨리는 것이 진정한 동기 부여가 될 수 없다는 것을 우리는 이미 알고 있다. 직원들의 동기 부여를 고양하고 향상하기 위해 일터에서 바로 적용할 수 있는 것은 무엇이 있을까?

- 분명하고 적은 기대
- 훈련 및 개인적 계발과 향상
- 현실적이고 신나는 목표를 함께 설정하기
- 부정적인 동료와 긍정적인 동료 구분하기
- 개선 사항을 인정하고 보상하기
- 일터를 즐겁고 재미있으며 자극이 되는 곳으로 만들기
- 직원들이 필요로 하는 도구와 자원 갖추기

사례

가장 위대한 동기 부여자 중 한 사람은 전설적인 풋볼 감독 빈스 롬바르디Vince Lombardi이다. 1913년 태어난 롬바르디는 NFL의 그린베이 패커스 감독으로 다섯 번의 리그 우승을 거머쥐었는데, 이 중에는 처음 두 번의 슈퍼볼 우승도 포함된다. 그는 승리를 향한 길이 여러 사람들의 노력이 조화되어 이뤄졌다는 것을 알고 있었다.

선수들은 최선을 다하도록 그가 동기 부여를 했다는 데 동의했다.

그는 경기에서 이기기 위해서라면 새벽 3시까지 경기 작전을 짤 것이라고 선수들은 입을 모았다. 그는 선수들이 최고의 기량을 발휘하도록 몰아갔다. 걸핏하면 소리를 지르기는 했지만 필요할 때는 친절한 말과 긍정적인 감정을 사용했다. 많은 선수들이 이구동성으로 한 말이 있다. "우리는 감독님을 위해서라면 불구덩이에도 들어갈 수 있어요."

카리스마 비결

카리스마가 있는 사람은 타인에게 동기 부여를 하는 원동력이 된다는 것을 기억하라. 당신이 동기 부여하려고 하는 사람들 중 대다수는 당신이 그들에게 하라고 하는 그 일을 시도해 봤지만 하지 못했을 것이다. 인간은 한두 번 무엇을 시도해 보다가 잘되지 않으면 자신이 그 일에 항상 실패할 것이라고 지레짐작해 버리는 경향이 있다. 이러한 경향은 배우고자 하는 능력을 끌어내리고 잠재적인 성공에 대한 기대를 낮춘다. 사람들이 꿈을 꿀 수 있게 도와주고 성공을 이룰 수 있는 도구를 주며 성공을 이루도록 동기 부여를 하라. 바로 오늘 당신이 더 높은 기대, 현실적인 목표, 그리고 그것을 이룰 수 있는 도구를 줌으로써 동기 부여를 해 줄 수 있는 누군가를 찾아라.

자신의 동기 부여에 점수를 매겨 보자.
점수를 275쪽에 적는다.

0	1	2	3	4	5	6	7	8	9	10
매우 약함		약함			보통		강함			완벽함

카리스마 법칙

호의
자선과 동정

수많은 세월이 지나간 후에는
전쟁터, 정치에서의 승리나 패배로 기억되는 것이 아니라
인간의 정신에 무엇을 기여했는가로 기억될 것이다.
− John F. Kennedy

　많은 사람들은 자신이 중요한 위치에 오르면 타인들이 자신에게 봉사하고 자신을 우러러볼 것이라고 생각한다. 그러나 이것은 사람들에게 실망을 주고 당신의 카리스마를 떨어뜨린다. 만일 당신 자신에게만 초점을 맞춘다면 결국 모든 중심은 당신에게서 멀어질 것이다. 어떤 사람들은 당신의 관심을 끌기 위해 노력할 수도 있지만 이는 그저 돈이나 인정을 얻기 위해 당신을 따르는 것뿐이다. 그들은 '당신이 어떤 사람인가' 때문에 당신을 찾는 것이 아니다. 당신이 사람들에게 초점을 맞추고 친절함을 보여 주며 자선과 호의를 베풀면 그 초점은 당신에게 돌아올 것이다. 사람들의 좋은 점을 찾으면 당신은 더 나은 사람으로 거듭난다. 당신이 봉사할 방법을 찾기 시작하면 영향력이란 문이 열리고 당신의 안녕과 행복도 커지게 된다.

호의를 가지려면 친근해져야 하고 타인에 대한 진정한 관심을 보여줘야 한다. 아리스토텔레스는 이렇게 말했다. "우리는 우리에게 좋은 일이 일어나도록 빌어 주고 나쁜 일이 생겼을 때 같이 아파 해 주는 사람을 친구라고 여긴다."

이러한 관심과 친절은 감수성이 있고 배려하는 것을 의미한다. 이는 맞닥뜨리는 모든 것에 대해 사려가 깊다는 것을 의미한다. 주변 사람들에게 항상 공손하고 진정한 관심을 보여라. 이 관심은 모든 상호작용의 초석이 되며 상부상조와 카리스마란 분위기를 만들어 준다. 동정과 호의를 통해 마음과 충성을 얻을 수 있다.

호의를 보이려면 긍정적인 것에 초점을 맞추고 부정적인 것은 조심해야 한다. 사람들에게 심하게 대하거나 강압적으로 굴지 말라. 사람들은 매우 민감해지고 상처를 잘 받을 수 있다는 것을 기억하라. 당신의 발언과 행동에 주의를 기울이고, 듣는 사람이 가장 관심 있어 하는 것을 항상 염두에 두고 있다는 것을 보여 줘라. 정말 필요한 경우가 아니라면 절대로 남을 비난하지 않되, 꼭 비난해야 하는 경우라면 올바른 방법으로 하라. 비난은 대인관계를 손상하고 그 사람과의 연결을 파괴하며 자신의 카리스마를 다치게 한다. 누군가가 멍청하다고 느끼게 만들 때마다 당신이 배려하지 못한다는 인상을 주며 영향력도 줄어든다. 대신 긍정적인 뭔가를 찾고 호의를 보여 줘라. 그렇게 하면 호평과 더불어 자신감이 커질 것이다. 당신이 아껴 준다는 것과 호의를 보여 주면 당신의 카리스마는 자동적으로 향상된다.

호의의 많은 부분을 차지하는 것은 넉넉한 마음 자세로, 이러한 마음 상태는 당신이 무언가를 주면 결국은 나중에 하늘이 보상해 줄 것이라는 믿음을 갖게 해 준다. 당신은 보상을 바라고 주는 것이 아니라 거저 주는 것이 옳기 때문에 주는 것이다. 리더십 전문가인 스티븐 코비Stephen Covey는 이렇게 말했다. "넉넉한 마음은 개인의 가치와 안전성을 내적으로 깊이 느낄 때 흘러나온다. 이것은 세상에는 넉넉한 자원이 있으니 모두와 충분히 나눌 수 있다는 패러다임이다. 이것은 가능성을 열어 주고 선택권, 대안, 창조성을 열어 준다."

당신은 시간, 돈, 또는 기술을 나눠 주는 것이 옳은 일일 뿐만 아니라 당신의 넉넉함, 건강, 행복, 카리스마를 높여 준다는 것을 알고 있다. 사회가 당신에게 주었던 고갈의 개념에서 벗어나 세상이 줄 수 있는 넉넉함을 바라봐야 한다. 우리는 다 같은 한 팀으로 모두 강점과 약점이 있다는 것을 깨달아야 한다. 당신의 강점을 언제나 기꺼이 나눠 주면 누군가는 당신의 약점을 극복하도록 도와줄 것이다.

◐•• 맹점

착한 마음으로 타인에게 봉사하고 호의를 보이는 것은 훌륭한 일이다. 당신이 그런 행동을 더 할 수 있는지 자문해 보라. 타인에게 진심 어린 친절을 보이면서 힘을 실어 주면 당신의 카리스마가 커진다. 우리가 누구한테서 무언가를 얻는다고 호의가 생겨나는 것은 아니다. 호의를 보여 주는 것은 그것이 옳은 일이기 때문이다. 여기서 맹점은 (어떤 특정한 일이 일어나거나 특정한) 때가 되면 더 친절해지고 자선과 호의를 베풀 것이라든지 돈과 시간이 더 있다면 줄 수 있을 것이라고 생각하는 것이다. 더 호의를 보이기 시작해야 할 때는 바로 지금이다. 자선을 보여 줄 시간은 바로 오늘이다.

 적용

적용은 간단하다. 헌신하고 타인을 보살피며 호의를 보여 주는 것을 시작하라. 타인이 얼마나 당신 곁에 있고 싶어 하는지를 알면 놀라게 될 것이며 당신은 더 행복한 사람이 될 것이다. 이를 시작하기 위해 다음과 같은 간단한 일부터 시도해 보자.

- 누군가의 하루를 개선할 수 있는 일을 해 본다.
- 별로 기대하지 않는 순간에 칭찬을 한다.
- 타인의 안부를 진심으로 물어본다.
- 봉사할 수 있는 작은 기회를 찾는다.

- 다른 사람 대신 계산하라.

- 큰 액수의 팁을 준다.

- 소득의 10퍼센트를 교회나 자선 단체 또는 좋은 일에 기부한다.

사례

호의에 대해 생각할 때면 나는 항상 『영혼을 위한 닭고기 수프』의 저자 마크 빅터 핸슨Mark Victor Hansen과 잭 캔필드Jack Canfield가 생각난다. 그들은 전 세계에서 1억 부 이상이 팔린 베스트셀러를 펴냈다. 그들의 성공 요인 중 하나는 둘 다 원래 착한 사람이라는 것이다. 그들은 타인을 돕고 돌봐 주며 세상을 더 좋은 곳으로 만드는 일을 기꺼이 한다.

공항에서 헤매는 사람을 만난다면 그들은 기꺼이 도와주려 할 것이다. 그들은 또 각 저서의 수익금 10퍼센트를 자선 사업에 내놓고 전 세계 자선 기관에 수백억 달러를 기부했다. 그들은 더 많이 줄수록 더 많이 얻는다는 것을 확고하게 믿고 있다. 물론 어떤 사람들은 그들이 돈이 많아서 기부를 하는 것이니 별게 아니라고 말할 수도 있다. 하지만 그렇지 않다. 그들은 첫 책이 나왔을 때도 인세의 10퍼센트를 자선 기관에 기부했다. 그들은 이러한 호의가 자신들이 성공하는 데 주요 요인이라고 믿고 있다.

주변의 세상을 인식하라. 대부분의 사람들과 비슷하다면 당신은 자신의 인생에만 틀어박혀 있을 것이다. 다른 모든 사람들에게 초점을 맞추려고 노력하라. 모든 부정적인 생각과 타인에 대한 비평을 긍정적인 생각으로 바꿔 보자. 사람들의 좋은 점을 찾아보고 그들 안에서 최고를 끌어내려고 노력해 보자. 당신이 만나는 모든 사람들의 인생을 미묘하게 나아지게 할 수 있다면(불과 몇 초밖에 걸리지 않을 것이다) 당신의 호의는 빛을 발할 것이다.

모든 사람들은 도움이 조금 필요할 때가 있다. 오늘 호의를 실천하고 봉사할 기회를 찾아보자. 모두가 그 혜택을 받는다는 것을 알게 될 것이다.

자신의 호의에 점수를 매겨 보자.
점수를 275쪽에 적는다.

0	1	2	3	4	5	6	7	8	9	10
매우 약함		약함			보통			강함		완벽함

비전
보고 맛보고 만지고 느껴 보라

묵시가 없으면 방자히 행한다.
– 잠언 29장 18절

몽상가와 비전이 있는 사람을 혼동해서는 안 된다. 몽상가는 하는 것은 별로 없으면서 말만 많이 하는 사람이다. 반면에 비전이 있는 사람은 비전을 도와줄 사람을 찾아낼 수 있는 사람이다. 이런 사람은 비전에 대해 추호의 의심이 없고 항상 그 비전을 향해 움직이며, 피하기 어려운 시련을 헤쳐 나갈 수 있도록 사람들을 이끄는 내적 힘을 가지고 있다. 카리스마가 있는 사람은 비전을 잘 전달하고 사람들의 동의나 헌신을 얻어 내며, 그 비전을 현실적이고 설득력 있게 만든다. 비전은 우리에게 영감을 주고 힘을 실어 주어 하늘의 별을 향해 뻗어 나가게 한다. 비전은 잘못될 수 있는 일에 대한 공포와 걱정을 이겨 내게 할 수 있다. 비전은 이미 형성된 개념을 버리고 장벽을 넘어 움직이며 이전의 한계를 뛰어넘게 해 준다. 카리스마가 있다면 당신의 비전은 열정과 확신에 의해 추진된다.

카리스마가 있는 사람의 비전은 사람들로 하여금 자기 자신에 대한 자신감을 갖게 할 뿐만 아니라 비전을 수행하는 데 필요한 능력까지 갖도록 힘을 실어 준다. 비전을 가짐으로써 사람들은 한데 묶이고 공동의 목적을 만들어 낸다. 그러나 문제는 어떤 비전이 제시되었을 때 비전 그 자체가 주인 의식을 불러일으키지는 않는다는 것이다. 만일 사람들이 자신의 노력이 모두 당신에게만 해당되는 것이라고 느끼고 어디에 들어가야 할지 모른다면 그들은 조종당하는 느낌을 가질 수 있고 주인 의식을 갖지 못하게 된다.

그들은 장기적으로 볼 때 그 비전 안에 자신을 위한 어떤 것이 있는지 알고 싶어 한다. 그들이 왜 당신의 비전을 지지해야 할까? 대부분은 더 나은 미래를 위해 무엇인가를 내걸기보다는 그냥 이대로의 상태를 더 편안하게 느낀다는 것을 기억하라. 진정한 비전은 실패의 두려움과 부정적인 생각을 줄여 줄 뿐 아니라 시너지 효과도 높인다. 당신의 비전은 현재 상태에서 미래 목표까지의 연결점을 만들어 낸다.

인간이라면 누구나 방향 제시와 안내받을 것을 동경한다. 그래서 비전이 있는 사람은 매력과 영향력이 있는 것이다. 카리스마가 있는 사람은 강력하고 분명한 미래의 비전을 만들어 낼 수 있다. 사람들은 만지거나, 맛보거나, 느끼거나, 볼 수 있는 생생한 비전에 바로 뛰어들어 합류할 것이다. 가라앉는 배에 오르고 싶어 하는 사람은 아무도 없다. 사람들은 남들보다 더 잘 알고 있기를 바란다.

계획은 무엇인가? 우리는 어디로 갈 것인가? 우리의 목표는 무엇인가? 당신의 목표는 당신의 비전이 어떻게 그 문제에 대한 해법이 되는지를 힘 있게 보여 주는 것이다. 당신의 비전은 그들의 현재 상태와 원하는 상황 사이—그들이 있는 위치로부터 그들이 가고 싶어 하는 곳까지의—에 다리를 놓아 줘야 한다.

비전은 우리가 하루하루 해야 하는 일에 붙잡혀 있기보다는 미래의 목표에 초점을 맞추도록 해 주는 것이므로 강력한 힘이 있다. 비전은 초점과 미래의 방향을 주며 큰 그림을 그리게 한다. 응집력 있는 공동의 비전은 사람들을 한데 모으고 그들을 공통의 목적과 목표로 연합해 준다.

카리스마가 있는 사람은 분명하게 정의된 비전을 가지고 있으며 대단한 열정과 기대로 가득 차 있다. 인생의 어떤 것보다도 비전은—당신의 비전이건 타인의 비전이건—당신이 매일 내리는 결정에 의해 좌우된다. 비전이 분명하면 옳은 결정을 내리기가 더 쉬워진다.

맹점

요란한 동기 부여 회의에 참여해 본 적이 있을 것이다. 거기서는 찬란한 미래가 펼쳐지고 누구나 신이 나서 펄쩍펄쩍 뛴다고 한다. CEO는 에너지를 얻고 대단한 열정을 가지며, 회의실의 모두가 그 비전에 동의해야 하는 이유를 선포한다. 모두 공손히 들으며 회의가 끝나기를 기다린다. 청중은 우레와 같은 박수로 반응할 수도 있다. 그러나 다음 날이 되면 바뀐 게 아무것도 없고 모든 것이 다시 제자리로 돌아간다.

맹점은 바로 사람들이 당신의 비전에 신이 난 척하고 그들이 당신의 비전에 동의한다고 생각하는 것이다. 그 비전이 사람들의 최고 관심사라 하더라도 그들이 그것을 보고 느낄 수 없다면 그들에게 아무런 의미가 없다.

적용

사람들을 흥분시키고 그들이 당신과 함께하고 싶게 하는, 설득력과 생동감이 있는 비전을 만들려면 무엇이 필요할까? 당신이 비전을 만들어 낼 때 사람들이 그 비전에 헌신하도록 이끄는 몇 가지 중요한 요소를 실행해 볼 수 있다.

- 모두가 나눌 수 있고 모두가 승리할 수 있는 비전을 만든다.
- 살아 있는 비전을 그린다.
- 공동의 목표나 적을 설정한다.
- 분명하고 정밀한 목표가 되게 한다. 비현실적이거나 애매모호한 비전은 금방 사라져 버린다.
- 현실적인 것으로 보이는 행동 계획을 제공한다.

사례

잭 웰치Jack Welch는 비전과 카리스마가 있는 사람의 좋은 사례이다. 그는 비전을 창조하고 전달하고 영감을 주는 능력을 가지고 GE를 탈바꿈시켰다. 그는 절대 타협하지 않는 것으로 유명했고 한 번 말하면 지키고야 마는 사람이었다. 1980년대에 웰치는 GE를 더 경쟁력 있는 회사로 다듬어야 한다는 비전을 갖게 되었다. 그는 비효율성을 제거하고 회사의 불필요한 절차를 없앴다.

그는 GE 아래에 있는 어떤 회사건 업계에서 1위나 2위가 아니면 그 회사를 매각한다는 개념에 모두가 동의하게 만들었다. 처음에는 비판자도 있었지만 그의 비전, 카리스마와 확신은 그의 목표를 현실로 만들어 놓았다. 웰치는 사람들이 실적을 내도록 밀어붙이고 상당한 보상도 주었다. 그는 GE뿐만 아니라 미국 전체의 존경을 받았다.

오늘의 비결은 어떤 사람이 과거의 걱정에서 벗어나 미래의 비전으로 가도록 도와주는 것이다. 비전의 반대말은 걱정이라는 것을 이해해야 한다. 걱정에 사로잡혀 있으면 미래에 대한 비전이 걱정을 극복할 만큼 충분하지 못하다. 사람들은 자기가 원하는 일을 하는 것도 볼 수 없고, 당신이 그들에게 하라고 요청한 그것을 하는 것도 보지 못한다.

걱정은 두려움의 한 형태로서 사람들을 마비시키고 행동을 취할 수 있는 능력이 줄어들게 한다. 걱정은 에너지를 소진하고 비전을 오염시키며 사람들로 하여금 주의를 그들의 목표로부터 다른 데로 돌리게 한다. 사람들이 걱정이나 과거의 실수에 초점을 맞추거나 거기에 머물지 않게 하라. 미래에 대한 생생한 그림을 그려라. 사람들에게 자기가 하고 싶은 일이나 해야 할 일을 볼 수 있게 해 주는 희망, 격려와 유용한 도구를 주어야 한다. 그들이 과거에서 벗어나 미래로 향하게 하라. 과거의 실수가 그들의 미래 잠재력을 흐리게 하지는 않을 것임을 알게 하라.

자신의 비전에 점수를 매겨 보자.
점수를 275쪽에 적는다.

0	1	2	3	4	5	6	7	8	9	10
매우 약함		약함			보통			강함		완벽함

공감
동정은 우정을 만든다

감정적인 능력이 없거나 자기 인식이 없고, 괴로운 감정을
관리할 수 없거나 공감 또는 효과적인 관계를 가지지 못한다면
아무리 똑똑해도 그리 크게 발전하지 못할 것이다.
— Daniel Goleman

　공감이라는 의미의 영어 'empathy'는 라틴어와 그리스어 어원을 모두 갖고 있다. 이 말은 '통해서 본다', '타인의 눈으로'라는 뜻을 지니고 있다. 타인의 눈을 통해 볼 줄 아는 능력은 장기적인 카리스마를 만들어 낸다. 남들이 보는 것을 보고, 남들이 느끼고 상처받는 것처럼 당신이 상처받을 수 있다는 것을 사람들이 알게 된다면 기꺼이 당신의 영향력이 미치도록 해 줄 것이다.

　공감은 타인의 감정과 느낌을 인식하는 것 이상의 것이다. 공감을 할 줄 알면 당신은 타인의 내적 상태와 안녕을 인정하고 확인할 수 있는 능력을 가진 것이다. 그러면 사람들이 느끼는 것을 경험할 수 있고, 그들이 경험하는 감정을 알 수 있으며, 그러한 감정이 당신에게 어떤 느낌이 들게 하는지를 깨달을 수 있다. 이렇게 되면 타인의 자세, 믿음, 공포를 이해할 수 있게 된다. 타인이 알고 있는 세상에 당신이 들어가게 되는 것이다. 공감은 신뢰와 존중을 구축하고 장기적으로 카리스마는 공감에 기초한다. 카리스마가 있는 사람은 타인의 내부에 어떤 일이 일어나고 있는지를 나타내는 미묘한 징후와 비언어의 숨은 의미를 알 수 있는 능력을 가지고 있다.

공감은 연민이 아니다. 연민은 타인과 관계를 맺을 수 있는 능력이다. 공감은 타인처럼 느끼고 그들을 이해하는 것이다. 공감은 타인의 위치에서 그 상황을 이해하는 것이다. 감정이 어떻게 작용하는지를 배우자. 사람들의 마음을 읽고 진심 어린 공감을 활용해 보라. 책을 통해 공감을 배우기는 매우 어렵다.

우리는 자기 자신에게만 몰두하는 세상에 살고 있고, 공감을 갖는다는 것은 우리가 사회에서 배운 모든 것과 거의 반대에 가깝다. 대부분은 공감하는 능력을 타고나지 않는다. 사람들은 다소 이기적이고 자기중심적으로 태어나며 또 길러진다. 공감은 타인의 상황, 감정, 관심사를 현실적인 상황에서 진실하게 알아차리고 이해하는 것이다. 당신이 공감을 표현하면 사람들은 놀라면서 당신에게 끌릴 것이다.

어떤 한 사람의 전부를 있는 그대로 무조건적으로 받아들인다면 공감을 형성하게 된다. 당신은 타인의 강점과 업적뿐 아니라 약점, 실패,

의심 및 공포도 함께 받아들일 수 있다. 우리는 타인을 먼저 생각하라는 말을 듣지만 실제로 그렇게 할 수 있는 사람은 별로 없다. 타인을 먼저 생각할 수 있는 사람은 카리스마를 더 갖게 된다. 그의 주위에 있는 사람들은 그를 위해서라면 뭐든지 할 것이다. 공감은 또한 생산성과 개인적인 만족을 높일 것이다. 이제 이해가 되는가? 타인을 도우면 당신 자신에게도 도움이 되고 당신의 카리스마도 커진다.

◑•• 맹점

우리는 공감이라는 기술을 거의 배우지 않는 편이다. 우리는 공감을 느껴 보았고 행하는 것을 보았지만 그것을 어떻게 실행할지 확실히 알지는 못한다. 우리는 세상과 자신의 문제에 너무 지쳐서 타인을 어떻게 보살펴야 하는지를 잊곤 한다. 그러나 그 타인은 바로 우리의 목표를 달성하는 것을 도와줄 사람들이다.

한 가지 맹점은 타인을 위하는 척하는 것이 공감을 보여 주는 것이 아님을 우리가 전혀 이해하지 못하고 있다는 것이다. 카리스마가 있는 사람은 진실되고 순수한 공감을 보여 줄 수 있는 능력을 가지고 있다. 또 다른 맹점은 연민이 공감이라고 생각하는 것이다. 그러나 공감과 연민은 분명히 차이가 있다.

　　일상생활에서의 만남과 대화 중에 공감하여 실행하기를 시작해 볼 수 있겠지만 그러려면 어느 정도 연습과 평가가 필요하다. 사람들을 만날 때마다 잘했는지 그리고 다음번에 더 잘할 수 있는지 자문해 보자. 공감을 높이기 위해 다음과 같은 단계를 시도해 보라.

> • 타인이 뜻하는 바를 들을 수 있도록 마음속으로 준비한다.
> • 귀로 듣고, 머리로 듣고, 가슴으로 듣는다.
> • 사람들의 몸짓과 태도를 읽는다.
> • 전달되는 진정한 메시지를 평가한다.
> • 보이는 느낌과 감정을 인식한다.
> • 타인의 관점을 이해할 수 있도록 연습한다.
> • 공감을 가지고 반응한다.

사례

　　전 남아프리카 대통령 넬슨 만델라Nelson Mandela는 공감의 좋은 사례이다. 그는 진정으로 아끼고 언제나 자신의 가치와 원칙을 따른다는 것을 보여 주었다. 그는 공감의 중요성과 힘을 알았다. 그는 종종 다음과 같이 말했다. "어떤 사람을 가장 잘 알 수 있는 방법은 그 사람의 신발을 신고 1마일을 걸어 보는 것이다."

그는 자신의 신념을 위해 감옥에서 27년간 지냈고, 많은 사람들은 그가 권력에 복수하기를 바랐다. 그는 잘못된 일들을 바로잡고 싶었으나 보복을 하거나 더 많은 피해자를 만들어 내기를 원치 않았다. 그는 모범을 보이며 공감과 인내를 통해 나라를 하나로 묶었다. 그는 국민에게 복수보다는 이해를 추구하라고, 대립과 논쟁할 지점을 찾기보다는 합의할 지점을 찾으라고 가르쳤다.

카리스마 비결

공감에는 어느 정도 노력이 필요하지만 이 기술을 완벽하게 익히면 그것을 얻기 위해 보낸 매순간이 보람 있었음을 알게 될 것이다. 진정으로 공감할 수 있다면 당신은 더욱 믿을 만하고 카리스마 있는 사람이 될 것이고, 당신의 생산성을 높이고 사람들에게는 헌신적인 영감을 줄 것이다. 늘 무언가에 쫓기는 현대 사회는 공감의 자세나 기술을 배양하지 않는다. 당신은 공감을 발달시킬 기회를 찾아야 한다. 대화를 하는 동안 자신에게 두 가지 질문을 하는 것으로 시작해 보자.

• "내가 이 사람이라면 어떤 느낌이 들까?"
• "이 사람은 왜 이런 식으로 느낄까?"

오늘부터 연습을 시작하라. 공감을 표현할 수 있는 한 사람을 찾아서 그에게 당신이 진정으로 아끼고 있다는 것을 보여 주자.

자신의 공감에 점수를 매겨 보자.
점수를 275쪽에 적는다.

0	1	2	3	4	5	6	7	8	9	10
매우 약함		약함			보통			강함		완벽함

존중
존중을 얻고자 한다면 먼저 존중하라

사람을 존중하라.
그러면 그 사람은 그 이상의 훨씬 큰 일을 할 것이다.
— John Wooden

장기적으로 카리스마란 사람의 가치를 소중히 여기는 것이다. 카리스마는 사람들을 존중하는 것이며, 이는 더 많은 카리스마와 영향력을 낳는다. 존중은 전염성이 매우 강하다. 존중은 당신이 알기도 전에 모두에게 퍼져 나간다. 두 사람 사이나 어떤 집단 사이에 존중감이 높으면 사람들은 더욱 신뢰하고 감정에 대해 더 솔직하며 목표에의 집중을 더 유지할 수 있다. 사람들을 더욱 존중하는 방법을 배우자. 더 많이 존중해 줄수록 당신은 더 영향력 있는 사람이 된다. 존중은 항상 순간적으로 오는 것이 아니다. 어떤 경우에는 존중을 쌓는 데 시간이 걸린다. 중요한 사실은, 사람들이 당신에 대해 어떤 느낌을 갖는가 하는 것은 바로 당신이 그 사람들로 하여금 자신들에 대해 어떤 느낌을 갖도록 해 주는 존재인가와 직접적으로 연계되어 있다는 것이다.

카리스마를 발산하기 위한 요점은 당신이 존중을 받고 또 존중해야 함을 이해하는 것이다. 아주 간단하다. 존중해 주면 존중을 받는 법이다. 당신이 받는 존중은 당신의 모든 일을 당신 자신이 어떻게 처리하는가에 대한 태도의 총합이다. 당신이 다루는 모든 일에서 존중과 좋은 자세를 취하거나 당신이 타인과 어떻게 일하는지를 보고 사람들은 그것에 대해 이야기하게 될 것이다. 사람들은 또 당신이 타인을 존중하는지를 바로 알 수 있다.

여기에 적용되는 또 다른 말은 '존경할 만하다'이다. 존경할 만하면 사람들은 당신을 신뢰하고 존중하며 따를 것이다. 당신이 보기에 사람들이 당신의 메시지나 회사를 별게 아니라고 생각한다면 그것은 존중이 부족하다는 것을 나타내는 붉은 깃발과 같다. 존중이 없다는 것은 영향력이 없다는 것을 의미하므로 당연히 카리스마도 있을 리 없다. 존중을 많이 받을수록 당신은 의사소통에 더 성공하게 될 것이다.

실행해 볼 수 있는 단순한 한 가지는 다른 사람들이 당신에게 해 주는 일에 대해 감사하는 것이다. 사람들은 언제나 두 가지, 즉 자기 자신에 대한 이야기, 아니면 자신이 가진 문제에 대한 이야기를 하고 싶어 한다. 사람들이 자신의 문제나 현안을 이야기할 때 들어 주면 그들은 당신이 타인을 공감하고 이해심이 있으며 존중해 주는 사람이라고 느낄 것이다. 이러한 반응으로 사람들은 그들 자신에 대해 좋은 느낌을 갖게 해 주는 사람으로 당신을 기억할 것이다. 그러면 당신이 그들을 더욱 존중하고 그들도 존중받는다는 느낌이 들게 하는 방향으로 일이 계속 흘러가게 될 것이다.

존중은 어머니가 당신에게 가르쳐 주었던 좋은 옛날식 예절만큼 단순한 것이다. 이런 예절은 모든 관계에서, 일터에서, 그리고 카리스마를 유지할 수 있는 당신의 능력에서 매우 중요하다. 당신은 고마움을 표시하는가? 사람들이 주변에 있을 때 그들에 대해 좋은 느낌을 갖는가? 일터에서 사람들이 진정으로 원하는 것은 무엇인가? 그것은 바로 약간의 존중이다.

사람들은 힘을 실어 준다는 느낌을 갖고 싶어 하고 잘한 일에 대해 보상받기를 원한다. 그들은 격려가 부족하고 편애하고 비난하며 자신의 의견을 절대 묻지 않는 것 등에 지쳐 있다. 다른 사람들 앞에서는 누구도 비난하지 말고 경쟁자를 비하하지 말며 적에 대해서도 나쁜 이야기를 하지 말아야 한다. 당신이 다른 사람에 대해 나쁘게 말하면 사람들은 자기가 자리에 없을 때 당신이 자기에 대해 어떻게 말할지 매우 궁금해할 것이다.

 맹점

약간의 평범한 정중함을 보인다고 해서 상대를 진정으로 존중하는 것은 아니다. 못된 말이나 부정적인 말을 하지 않는다고 해서 항상 존중하는 것은 아니다. 이것이 바로 맹점이다. 당신은 존경, 존중, 또는 배려하는 모습을 보여 준다고 생각하지만 사람들이 그렇게 느끼지 못할 때가 있다. 친절한 행동은 옳은 일이지만 그것으로 정말 진정한 존중을 전달할 수 있을까? 존중은 한 번에 조금씩 얻을 수 있지만 한순간에 잃을 수도 있다. 진정한 존중은 나 자신에 대해 고려하지 않을 때 드러난다. 그러나 당신은 만나는 모든 사람들을 될 수 있는 한 존중해야 한다.

 적용

존중은 상호적이어야 한다. 일단 존중을 보여 주면 존중을 얻을 수 있다. 그리고 존중을 보여 줄 수 있는 방법은 여러 가지이다. 다음은 사람들과 상호작용할 때 실행해 볼 수 있는 몇 가지 방법이다.

- 항상 정직하라.
- 믿을 수 있는 사람이 된다.
- 장기적으로 안정성을 보여 준다.
- 좋은 예절을 일관되게 실천한다.
- 사람들에게 감사한다.

오늘날 기업 세계에서 가장 존중받는 리더 중 한 사람은 델 컴퓨터의 마이클 델Michael Dell이다. 그는 대학생 때 자기 방에서 컴퓨터 하드웨어 사업을 시작했다. 그 사업이 큰 성공을 거둬 그는 19살에 대학을 그만두고 회사를 차렸는데 그 회사가 결국 델이 되었다. 몇 가지 어려움도 있었고 치열한 경쟁을 겪었지만 델은 세계에서 가장 이익을 많이 내는 컴퓨터 제조사 중 한 곳이 되었다. 마이클 델은 언제나 자선을 크게 베풀었다. 그는 존중의 모든 면을 보여 주고 있다. 그는 수많은 상을 받았고 올해의 인물과 올해의 CEO에도 뽑혔다. 당신이 최고로 꼽힌다는 것은 사람들이 그만큼 당신을 존중한다는 뜻이다.

카리스마 비결

오늘 만나는 모든 사람들을 존중하며 대하는 것을 실행해 보자. 안내원이든 CEO든 청소부든 그 사람들이 당신에게 중요한 존재라는 것을 보여 주자. 당신은 만나는 모든 사람들이 목표에 도달하고 영향력을 확장하도록 도울 수 있다. 이렇게 할 수 있는 가장 좋은 방법은 사람들에게 그들에 대한 질문을 던지고 그들의 질문에 대답하는 데 초점을 맞추는 것이다. 그들에게 다가갈 때 진심으로 존중을 보여 주면 그들로부터 존중을 받을 것이다. 무엇에 대해서도 불평하지 말고 사람들이 하는 말이나 행동에 대해 그들을 비난하지 말아야 한다. 타인에 대한 단순한 것에도 관심을 보여라.

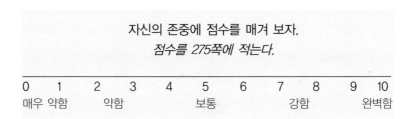

자신의 존중에 점수를 매겨 보자.
점수를 275쪽에 적는다.

0	1	2	3	4	5	6	7	8	9	10
매우 약함		약함			보통			강함		완벽함

권한을 부여하는 정보와 오디오(lawsofcharisma.com)

- 관련 기사
- 관련 오디오 : '어떻게 당신 자신과 다른 사람들에게 항상 동기 유발을 할 것인가?'
- 활동지

The LAWS OF CHARISMA

Part 5

잠재의식 유발
옳고 그름 판단하기

우리는 이론을 만들지 말아야 한다.
우리가 해야 할 것은 오직 행동이다.
— Che Guevara

웅덩이에 빠진 여우 이야기

여우 한 마리가 넓은 들판에서 점프를 하며 가을을 즐기고 있었다. 여우는 울타리에 달려들다가 농부가 우물을 만들기 위해 파 놓은 웅덩이에 빠지고 말았다. 당황한 여우는 웅덩이에서 탈출하기 위해 계속 뛰어올라 봤지만 역부족이었다. 여우는 혼자 힘으로는 빠져나갈 수 없다는 것을 깨달았다.

그때 다른 여우 한 마리가 그곳을 지나가다가 웅덩이에 빠진 여우에게 무엇을 하고 있는지 물었다. 웅덩이에 빠진 여우가 대답했다. "너 못 들어 봤니? 조만간 이곳에 가뭄이 올 거라서 이 평야에서 여기에 있는 물만 남게 될 거야. 네가 원한다면 여기에 같이 있게 해 줄게. 지금 바로 내려오렴. 그러면 너도 가뭄에서 살아남을 수 있을 거야."

나중에 온 여우는 이 제안에 대해 생각해 보고 뭔가 이상하다고 느꼈다. 웅덩이에 빠진 여우는 도와주고 싶은 듯이 말했지만, 전반적인 상황을 살펴보면 오히려 이곳을 피하라고 말하는 것 같았다.

웅덩이에 빠진 여우는 "어서 서둘러. 여기로 오면 넌 죽지 않을 거야."라고 말했다. 그런데 사실 여우가 웅덩이에 들어오면 밟고 점프하여 웅덩이에서 빠져나갈 계획이었다. 하지만 나중에 온 여우는 "조금 있다 네 곁으로 갈게."라는 말과 함께 그곳을 떠나 버렸다.

의미

사람들은 누군가에게 질문할 때 일반적으로 자신의 직감을 따르곤 한다. 어떤 정황 또는 언행이 맞지 않다고 느껴질 때, 사람들은 종종 핑계나 거짓말, 거부 등으로 그 상황을 벗어나려 한다. 당신은 사람들에게 어떤 느낌이 들게 하는가? 그들은 당신에게 거짓말을 하는가? 그들은 당신을 믿는가? 그들은 당신을 좋아하는가? 당신은 그들을 거절하는가?

카리스마가 있는 사람으로 보이고 싶다면 사람들을 이해하는 법을 알고 사람들이 당신을 어떻게 이해하는지 알아야 한다. 많은 사람들은 인간의 본성과 사회적 상호작용에 대한 사례를 제대로 교육받지 않는다. 그들은 당신 곁에 있을 때 행동이 옳고 그른지를 생각할 뿐이다. 타인에게 호감을 얻으려면 첫인상뿐 아니라 전체적인 인상을 관리할 수 있어야 한다. 왜냐하면 사람들은 의식적으로 그리고 잠재적으로 당신을 평가할 것이기 때문이다.

이 책의 마지막 부분에서는 어떻게 잠재의식 유발을 이해할지, 그리고 그것을 통해 어떻게 사람들이 당신에게 반응을 보일지에 대해 살펴보게 될 것이다. 그럼으로써 당신은 상대방을 이해하고 상대방은 당신이 옳다고 느끼는 감정을 경험하여 대화를 할 때마다 높은 자신감과 카리스마를 갖게 될 것이다. 당신이 말하고 행동하는 모든 것들이 상대방에게 어떤 느낌을 갖게 하고 그의 감정에 어떤 영향을 미치는지 알게 될 것이다.

많은 사람들은 우리가 제시한 모든 타당성과 사실, 수치를 호의적으로 받아들인다고 생각하는데 그것은 틀렸다. 우리에게는 이성적인 면도 있지만 감정적인 면 또한 무시할 수 없다는 것을 이미 배웠다. 우리의 잠재의식과 느낌은 누군가에게 잘 해 주거나 무언가를 결정할 때 크게 작용한다. 95퍼센트 이상이 잠재의식 속에서 결정을 내린다는 사실을 알고 있는가?[9]

---

9) Joseph Sugarman, Ron Hugher, and Dick Hafer, *Triggers: 30 Sales Tools You Can Use to Control the Mind of Your Prospect to Motivate, Influence and Persuade* (Delstar Pub, 1999), p. 9.

"이건 그냥 맞는 것 같아.", "이건 그냥 나에게 좋은 것 같아.", "나는 저 사람을 못 믿겠어." 등의 말은 모두 이런 잠재의식적 · 감정적 반응에서 나오는 것이다. 이러한 95퍼센트의 잠재의식적 사고 혹은 감정적인 느낌은 인지하지 못하는 사이에 무의식 속에서 일어난다. 다시 말해 우리가 현실 속에서 의식하는 것은 사실 잠재의식 속에서 결정되는 경우가 많다.

잠재의식 유발은 이런 느낌이다. "나는 이 사람이 좋아(안 좋아)." 당신이 말하거나 행동하는 모든 것들은 사람들에게 (좋거나 싫은) 어떤 반응을 불러일으킬 수 있다. 그것은 당신의 단어 선택, 말투, 몸짓언어, 혹은 당신의 외모, 또한 분위기, 흐르는 음악, 청중의 기분이 될 수도 있다. 카리스마가 있다면 사람들의 마음을 읽을 수 있고, 그들의 행동 패턴을 찾을 수 있으며, 당신이 어떤 감정을 만들어 내는지 알게 될 것이다. 사람들의 행동은 흔히 예측할 수가 있다. 우리가 하는 행동에는 항상 특정한 계기 혹은 자동적으로 나오는 반응이 있게 마련이다. 장기적인 카리스마는 이러한 행동을 얼마나 정확히 이해하고 아느냐에 달려 있다.

이제 사람들이 속으로 어떤 감정을 느끼는지, 왜 그런 행동을 하는지 아는 것이 힘이 된다는 사실을 깨달았는가? 사람들은 당신에 대해 어떻게 느끼고 생각하는가? 만약 당신이 사람들의 질문 의도에 대해 정확히 알고 있다면, 그들의 주된 감정과 동기가 무엇인지 알고 있다면, 그들이 거짓말을 하고 있는지 진실을 말하고 있는지 정확히 알 수 있다면 어떻게 하겠는가? 잠재의식 유발에 대해 이해하기 전에 인간이라는 동물은 주변의 정보에 많은 시간을 할애하지 않는다는 것을 알아야 한다. 모든 상황을 이해하기에는 시간이 부족하다. 이 말은 사람들이 상황을 쉽게 이해하는 방법을 사용한다는 의미이다. 우리는 어떠한 행동을 하는 것이 꺼림칙하더라도 그것을 실행하는 경우가 있다. 우리가 논리적이고 이성적으로만 행동하기보다 직감, 직관력, 감정에 의해 반응할 때가 많은 것은 바로 이 때문이다. 우리는 옳은 판단을 하기를 원한다. 우리는 감성적이며 잠재의식 속에서 결정을 내린다. 비록 상식적이지 않더라도 말이다.

카리스마를 발전시키다 보면 당신의 의식적인 생각에 영향을 받은 것이 많다는 것을 자연스럽게 알게 될 것이다. 사람들에게 왜 카리스마 있는 행동을 했냐고 물어본다면 공통적인 대답을 들을 수 있을 것이다. 하지만 실제로 그들은 그냥 카리스마를 느꼈을 뿐이다. 이 사실은 사람들에게 당신이 카리스마 있다는 느낌을 줄 수 있으며, 당신을 신뢰해도 좋다는 믿음을 줄 수 있을 것이다. 그러므로 당신은 더 좋은 관계, 좀 더 카리스마 있는 모습, 사람들에게 영향을 줄 수 있는 모습을 갖추게 될 것이고 더 좋은 성과를 낼 수 있을 것이다.

이제 잠재의식 유발에 관한 다섯 가지 범주를 살펴볼 것이다.

- 언어 표현 : 단어, 속도, 어조
- 비언어적 의사 전달 : 몸짓언어, 공간, 움직임
- 감정 상태 : 느낌, 기분
- 외모 : 의상, 액세서리, 끌림
- 혐오 유발 : 저항의 원인

chapter 31

언어 표현

말이 곧 방법이다

우리는 목소리로 사람들을 판단한다. 만약 당신의 목소리가 불확실하고 소심하거나 또는 거만하고 명령조라면 카리스마를 얻을 수 있는 능력이 떨어진다. 목소리는 명함과 같아서 자신감, 용기, 확신이 흘러야 한다. 카리스마 있는 목소리는 크기가 편안하고, 다양한 강조점이 있으며, 표현이 좋고, 음높이가 기분 좋은 정도여야 한다. 당신의 목소리는 잠재의식 수준에서 청중과 당신을 연결해 줄 수도 있고 단절시킬 수도 있다.

당신의 목소리는 사람들에게 무엇을 불러일으키는가? 당신은 사람들의 접근을 막는 단어를 사용하는가? 당신이 말을 어떻게 포장하고 어떻게 표현하느냐에 따라 그 에너지와 정서적 교양 수준이 결정된다. 올바른 말은 청중을 휘어잡을 것이며 부적절한 말은 그들을 쫓아내 버리는 결과를 초래할 것이다. 알맞은 말을 알맞은 어조로 말하면 강한 연결을 만들도록 도와줄 수 있고 당신의 영향력이 더 커질 것이다. 목소리는 흥미롭고 듣기 편해야 한다. 당신이 카리스마를 얻고 사람들에게 영향을 미칠 수 있는 능력을 방해받지 않고 도우려 한다면 말이다.

언어 표현에 대해 더 배울수록 카리스마와 영향력을 더 잘 유지할 수 있다. 당신이 사용하는 말은 당신의 태도, 믿음, 감정 등에 영향을 미친다. 카리스마가 있는 사람들은 청중을 불러일으킬 수 있도록 언어를 사용하는 것이 중요하다는 사실을 알고 있다. 당신은 기본적으로 언어를 알고 있다고 짐작하지만 그 언어를 활용하는 방법을 배우기 위해서는 노력해야 한다. 그러면 더 잘 적응하고 영향력을 상황에 맞게 활용할 줄 알게 되므로 남들이 더 이해하기 쉬워질 것이다.

효과적인 언어 표현을 하기 위해서는 효과적으로 언어를 표현할 수 있는 주요 측면을 이해해야 한다.

1. **단어 선택** : 당신이 사용하는 단어는 당신의 카리스마에 영향을 준다. 단어는 사람들이 어떤 사람이나 대상에 대한 생각, 감정, 태도를 형성하도록 도와준다. 단어를 잘 사용하는 방법을 터득하게 된다면 더 신뢰감 있고 확신을 줄 수 있을 것이다. 그러나 그렇지 못하면

사람들이 떠나가게 되고 효과적이지 못한 인상을 줄 것이다. 적절한 단어와 언어는 상황마다, 사람마다, 사건마다 다르며 누구에게나 동일하게 적용되지는 않는다. 단어 선택은 또한 감정적 상황을 진정시키고 사람들이 당신의 요점을 받아들이게 해야 하는데, 이는 당신의 카리스마를 높이는 데에도 필수적이다.

2. **말의 속도** : 말의 속도는 얼마나 빨리 말하는가이다. 대체로 빠른 속도로 하는 말은 느리거나 보통 속도로 표현한 것보다 더 영향력 있고 카리스마가 있다고 평가된다. 빠르게 말하는 사람이 더 능력 있고 지식이 많은 것처럼 보이기 때문이다. 말하는 속도가 빠르면 사람들은 더 주의를 집중하고 다른 생각을 할 틈이 없다. 따라서 사람들이 집중하도록 하기 위해 말하는 속도를 조금 빠르게 하거나 맥락에 따라 다양하게 할 필요가 있다. 그렇지 않으면 사람들이 다소 긴장을 유지하면서 듣지 않게 된다. 단, 아무 변화 없이 계속 속도가 빠르지는 않은지 주의하라. 진실성이 없고 이기적이라고 판단될 수 있기 때문이다. 다만 중요하고 심각한 것을 말할 때, 또는 사려 깊은 사람으로 보이고자 할 때는 속도를 늦춰라. 격정과 에너지를 만들어 내고 싶을 때는 속도를 높여라. 일대일로 만날 때는 처음에는 상대방의 속도에 맞추다가 주고 말을 하는 중에 속도를 서서히 높여라.

3. **자투리 말** : 당신은 아마 이런 말을 사용하고 있으면서도 알아채지 못할 것이다. 우리 대부분은 자투리 말에 문제가 없다고 생각하지

만 이는 대부분 그렇지 않다. "음", "에", "어", "있죠" 등의 자투리 말은 표현을 망치고, 사람들을 짜증나게 하고, 당신의 신뢰성을 떨어뜨리며, 듣는 사람을 혼란스럽게 만들 수 있다. 가끔 몇 가지 자투리 말을 사용하는 것은 별일이 아니지만 그래도 많은 사람들은 이 규칙을 과도하게 어기는 경향이 있다. 생각과 생각 사이의 침묵을 자신만의 독특한 방식으로 채우는 사람들이 있다. 어떨 때는 한 문장의 첫 두세 단어를 계속 반복해서 말하기도 한다. 어떤 사람들은 말끝마다 "오케이" 또는 "맞죠"라는 말을 하기도 한다. 상대방이 듣고 있는지 점검하려는 듯이 말이다. 언어 표현에서 모든 자투리 말을 없애도록 노력하라. 자투리 말을 하는 것은 적절한 추임새를 넣는 것과는 다르다.

4. **음높이와 억양** : 음높이는 목소리의 진동수이다. 목소리가 높으면 다소 긴장하거나 흥분해 있거나 불안하다고 판단된다. 반면에 낮은 목소리는 힘과 자신감, 확신을 보여 주는 경향도 있다. 일반적으로 낮은 목소리가 더 믿을 만하고 신뢰성이 있으며 신용이 있다고 여겨진다. 그러나 너무 낮은 소리는 자신감이 없고 설득력도 낮다고 여겨지기도 한다. 확신이 없을 때 모기만 한 소리로 기어 들어가게 말하는 경향이 있다. 음높이는 어떤 사람의 목소리가 듣기 좋은지 싫은지를 결정할 때 처음 판단하는 것이다. 음높이를 변화시키는 것도 듣는 사람들이 더 정신 차리고 계속 주의하도록 하는 데 도움을 준다. 억양은 목소리의 높이나 어조를 바꾸는 것이다. 영향

력이 있는 사람들은 목소리의 억양을 이용하여 자신감과 권위를 나타낸다. 그들은 보통 문장의 끝에서 억양을 아래로 내린다. 당신 자신의 억양을 들어 보라. 자신감이 없거나 의심이 있는 사람들은 대부분 문장 끝을 올리는 경향이 있다.

5. **성량** : 말하기에서 성량은 이해하기 쉽지만 잘못 쓰일 때가 많다. 즉 성량과 음높이는 다른 성격이다. 너무 부드럽거나, 너무 시끄럽거나, 아니면 중간 정도 중에서 선택할 수 있다. 만일 청중이 당신의 소리를 들을 수 없다면 카리스마를 유지하거나 영향력을 갖기가 매우 어렵다. 당신의 이야기를 듣는 데 스트레스를 받는다면 듣기를 포기하는 경우가 많을 것이다. 한편 어떤 사람들은 소리치거나 매우 큰 소리로 말하는 경향이 있는데 이는 긴장과 짜증을 불러일으킨다. 방 밖에 사람을 두거나 친구들에게 전화를 해서 자신의 성량이 어떤지 확인해 보라. 강조하기 위해 성량을 높이는 것은 목소리를 낮추는 것만큼 효과적이지 않다. 청중이 정말 몸을 앞으로 숙여 귀 기울이기를 바란다면 좀 더 낮게 말해 보라. 맥락에 따라 다양한 성량으로 조율하는 것은 카리스마를 나타내는 데 도움이 된다.

6. **발음** : 어떤 사람에게 이야기를 하거나 연설을 할 때는 모든 문장과 단어를 분명하게 발음하라. 분명하고 조리 있게 발표하면 적합성이 돋보인다. 좋은 발음은 능력과 신뢰를 전달한다. 조금만 엉성하게 발음해도 교육을 못 받았다거나 게으르다는 인상을 준다. 발음을 잘해야 하는 또 다른 이유는 단순히 청중이 당신을 쉽게 따라

오고 당신의 메시지에 주의를 기울이며 그것을 잘 이해하도록 하기 위해서이다. 당신이 전달하는 메시지가 쉬울 때 사람들은 더 잘 설득되고 당신의 카리스마를 더 잘 느끼게 된다.

7. **침묵** : 침묵은 언어 표현의 한 부분이다. 적절한 침묵은 언제든지, 어떤 청중이든지 주의를 끌게 할 수 있다. 청중은 중요한 일이 일어날 것처럼 느낄 수 있다. 멈춤은 청중이 당신이 이야기하려는 것에 대해 마음속으로 준비하게 하고 당신의 요점을 강조할 수 있게 해 준다. 가장 중요하다고 생각하는 주제에 대해 의도적으로 멈춤을 이용하라. 멈춤은 이해를 높일 뿐만 아니라 자신의 생각을 정리하는 데에도 도움을 준다. 주의, 강조, 분위기를 만들기 위해 멈춤을 이용하라. 멈출 때는 목소리를 조금 높게 유지하라. 이렇게 하면 긴장감을 높이고 멈추기 위한 기회를 만들 수 있다. 목소리의 억양을 아래로 낮추면 멈추기 위한 목적을 무산시키고 긴장감 대신 이완된 느낌을 일으킬 수 있으므로 주의한다.

요약

당신의 목소리는 득이 되는가, 실이 되는가? 목소리로 전달할 수 있는 뉘앙스, 느낌, 분위기가 많으니 자신의 목소리를 녹음해서 들어보라. 조금 힘들 수 있겠지만 연습할 만한 가치가 충분히 있다. 당신의 목소리는 무엇을 투영하는가? 당신의 목소리는 설득력 있고 확신을 주는가? 메시지 외에 자신의 목소리 높이, 속도, 성량, 어조, 발음을 들어 보라. 이러한 음성의 다양성을 효과적으로 이용한다면 사람들의 주의를 끌고 붙잡아 둘 수 있으며 카리스마가 돋보이게 된다.

만약 당신의 목소리가 마음에 들지 않는다면 깊은 심호흡을 하고 해결책을 찾아보라. 많은 사람들이 자기 자신의 목소리를 좋아하지는 않는 것 같다. 그러나 목소리가 전혀 마음에 들지 않는다고만 반응하지 말고 마음에 들지 않는 특정한 부분을 반드시 들어 보라. 당신이 바꿔 보고자 하는 목소리의 정확한 부분에 초점을 맞추고 한 번에 한 가지씩 개선해 보라. 간편한 디지털 녹음기는 매우 훌륭한 코치가 되어 줄 것이다.

chapter 32

비언어적 의사 전달
제스처가 말해 주는 비장의 한 수

카리스마가 있는 사람들은 청중을 사로잡고 매료시키기 위해 자신을 긍정적인 비언어적 방법으로 표현한다. 카리스마가 있는 사람들은 마주칠 때마다 자신이 사용하거나 사용하지 않는 몸짓(제스처)에 주의를 기울인다. 그들의 제스처는 자연스러우면서도 잘 짜여 있고 훈련되었다. 자신의 몸을 받침대라고 생각해 보자. 당신은 이야기를 하고 있고 청중의 주목을 받고 있다. 당신의 제스처가 긍정적이고 자연스러우면서도 단호한 인상을 주도록 해 보라.

카리스마가 있는 사람들은 자연스럽게 비언어적 제스처를 사용할 뿐 아니라 타인의 비언어적 제스처를 파악하고 해석하는 능력도 가지고 있다. 이 방법으로 사람들을 파악할 수 있을 때, 당신은 스스로를 조절하는 데 필요한 지식을 얻을 수 있고 당신이 읽고 있는 것에 바탕을 둔 설명을 할 수 있다. 자신의 몸짓언어를 숙지하면 순간적인 호감도와 라포를 만들어 낼 수 있을 것이다. 그리고 긍정적인 잠재의식 유발을 만들어 낼 수 있을 것이다. 스스로 비언어를 통제하지 못한다면 당신은 당황하고 긴장하며 제어하지 못하는 것 같은 인상을 줄 수 있다.

다양한 제스처가 어떻게 긍정적·부정적으로 혹은 신뢰가 없는 것처럼 인식될 수 있는지 신체의 다양한 부분을 살펴보자. 단 하나의 비언어적 신호는 무엇을 나타내는지 충분히 설명하지 못하므로, 동시에 일어나는 두세 가지의 비언어적 집합체를 함께 찾아볼 것을 권한다.

눈

청중이 당신의 눈을 볼 수 있도록 빛을 밝게 비춘다. 카리스마나 영향력을 주려 할 때는 선글라스를 써서는 안 된다. 청중을 파악하는 데에는 청중의 눈이 많은 정보를 줄 수 있다. 눈을 읽는 것을 배우면 속임수를 탐지하고 누군가가 어떤 감정을 느끼는지 알 수 있다. 사람들이 당신에게 주목하지 않고 부담스러워한다는 것을 파악하려면 다음 사항을 살펴보라.

• 눈맞춤이 줄어들거나 눈맞춤을 강요하는 경우

- 눈 깜박임이 증가하는 경우
- 동공이 확장되는 경우

손

손은 타인이 생각하고 있는 것과 느끼고 있는 것, 당신이 어떻게 인지되는지를 보여 주는 훌륭한 징표이다. 주먹을 꽉 쥐고 있는 것은 상대방을 공격하는 느낌을 주므로 주의한다. 당신의 태도와 메시지에 대해 부정적으로 생각할 가능성이 높기 때문이다. 즉 그것은 분노, 공격성, 또는 긴장을 나타낸다. 손을 몸에 가깝게 하거나 팔짱을 끼고 서 있다면 폐쇄된 마음을 보여 주는 것이고, 그래서 사람들과 잘 친해지지 못한다. 팔을 앞에 있는 탁자 위에 나란히 올려놓을 경우 동의한다는 신호를 보내는 것일 수 있다. 또한 손으로 엉덩이를 짚고 있다면 무시와 권위적임을 보여 주는 것일 수 있다. 누군가가 당신을 거절하려고 할 때 손이 다음과 같은 모습인지 잘 살펴보라.

- 손의 움직임이 줄어든 경우
- 손으로 얼굴 부위를 가리고 있는 경우
- 손바닥이 땀에 젖은 경우

다리

어떤 사람의 다리가 당신을 향해 있다면 관심을 나타내는 것일 수 있다. 반면에 발이 바깥으로 향해 있다면 그 반대이다. 또 서 있을 때 다리를 교차하는 것은 거북하거나 불편한 감정이라는 것을 보여 준다. 발가락을 두드리는 것은 말을 빨리 끝냈으면 하거나 지루하다는 표시이다. 어떤 사람이 당신에게 거절의 표시를 하는지를 알아보려면 다음과 같은 다리 상태를 살펴보라.

- 다리를 꼬는 것
- 발을 흔들거나 두들기는 것
- 의자 아래로 발을 넣는 것

어깨와 팔

발과 마찬가지로 다른 사람의 어깨가 당신과 나란히 있으면 관계를 맺고 있는 것이다. 사람들이 집단으로 함께 서 있을 때 그들의 어깨가 나란히 일렬이면 관계가 더 돈독해 보인다. 팔짱을 끼고 있으면 거부한다는 신호일 수 있다. 팔(또는 손)을 잡거나 늘어뜨린다면 긴장하기 시작했다는 것임을 알아야 한다. 어깨를 으쓱하는 것은 관계가 끊어지려는 것일 수 있다. 상대방보다 우월하다는 표현으로 받아들일 수 있기 때문이다. 누군가가 당신에게 거부감을 보이는지 확인해 보려면 다음과 같은 어깨와 팔 동작을 살펴보라.

- 팔짱을 끼는 것

- 어깨를 돌리는 것
- 어깨를 으쓱하는 것

머리

머리도 사람의 내면을 보여 주는 가장 큰 부분이다. 머리는 가장 많은 주목을 받는 부분이기 때문에 대화하는 동안 매우 주의를 기울여야 한다. 머리를 약간 앞으로 기울이기 시작한다면 그 사람의 주목을 받기 시작한 것이다(동물은 더 많은 정보를 모으려 할 때 이런 행동을 한다). 손으로 머리를 괴는 행동은 연결 관계가 끊어졌거나 관심이 부족할 수 있음을 보여 준다. 사람이 긴장하면 피가 머리로 더 많이 흘러가서 머리를 만지는 일이 많아지며, 피부색이 변하고 움직임이 증가하거나 감소한다. 누군가가 당신을 거부하는지 알려면 다음을 살펴보라.

- 입술 깨물기
- 마른 입술
- 빨개진 귀나 코

몸

몸의 움직임 또한 큰 표시이다. 두 사람이 관계를 맺고 있다면 움직임이 증가하지만, 관계를 맺지 않은 사이라면 신체 움직임이 최소화된다. 연결 관계가 끊어지면 전반적인 몸짓과 신체 움직임이 줄어든다. 당신이 누군가를 긴장하게 만들고 있다면 그의 자세가 변할 것이다. 상대방의 등을 살펴보라. 기울임 없이 너무 꼿꼿하게 앉아 있다면 관계가 끊어진 것이다. 등이나 엉덩이가 당신을 향해 있다면 그 사람과 연결되기 시작한 것이다. 누군가가 당신을 속이려고 시도할 때 그의 신체에 일어나는 다음과 같은 현상을 살펴보라.

- 땀의 증가
- 더 기계적인 움직임
- 신체적으로 물러섬

신체 접촉(스킨십)

대다수는 신체 접촉을 좋아하기 때문에 이는 관계를 맺는 당신의 능력에 도움이 되기도 하고 해가 되기도 하는 강력한 비언어적 자극이다. 한편 신체 접촉을 싫어하는 소수의 사람들도 있다는 것을 알고 주의해야 한다. 대부분의 경우 접촉은 사람들이 편하게 느끼도록 돕고 당신의 생각이 더 수용적이 되게 한다.

신체 접촉은 사람을 붙잡는 것이 아니라 팔, 어깨, 등, 또는 손을 비위협적으로 접촉하는 것을 말한다. 주위 사람과 자연스럽게 스킨십을 하면 그는 고마워하거나 당신을 더 좋아하게 된다.

한 번의 신체 접촉, 악수로 관계를 맺거나 끊을 수도 있다. 어떻게 악수하느냐에 따라 사람들이 당신을 어떻게 기억하는지가 결정될 것이다. 당신의 악수는 당신에 대해 이야기해 준다. 그것은 영원히 지속될 수 있는 첫인상을 보여 준다. 좋은 악수는 사람들로 하여금 고맙게 생각하고 당신과 관계를 맺게 한다. 어떤 사람들은 악수를 거부하기도 한다. 악수를 하는 것에 대한 망설임은 친구를 얻는 당신의 능력을 떨어뜨릴 수 있다. 나쁜 악수는 관계 구축에 있어서 한 시간 전으로 되돌려놓을 수 있다(없던 관계로 만들 수 있다). 올바른 방법으로 악수를 해야 한다. 상대에 따라 악수가 달라야 한다. 기분 좋게 악수하는 법을 배우고 개인, 문화 및 상황에 맞게 악수하라.

악수에 대한 큰 불만은 다음과 같다.

- 손을 쫙 펴서 하는 것
- 약하게 하는 것
- 과도하게 위아래로 세게 흔드는 것
- 땀에 젖은 손
- 손가락을 꽉 쥐는 것
- 차가운 손

훌륭한 악수는 다음과 같다.

- 어깨를 가지런히 함
- 힘을 반영함

- 앉아 있을 경우 일어서서 함
- 진실한 미소와 눈맞춤
- 서너 번 흔듦
- 팔을 완전히 펼침

 요약

모든 상황에서 사람들을 파악하기 위해 배운 것을 실습해 보라. 몸짓언어를 해석하는 법을 잘 파악하기 위해 소리를 낮추거나 잠시 소거한다(영화, 드라마, 동영상 등). 당신 자신의 신체 움직임과 비언어적 행동에 대해 더 주의해 살펴보라. 몸짓언어를 배우는 데는 약간의 노력이 필요하지만 그 보상은 평생 동안 지속될 것이다. 다음 제스처에 주목하라. 그런 다음 연결되는 방식을 실행해 보고 자신에게 해당되거나 단절되는 방식을 줄여 보라.

관계가 맺어져 있음을 보여 주는 비언어는 다음과 같다.

- 머리를 약간 기울이기
- 머리를 끄덕이기
- 편안한 자세 하기
- 앞으로 기울이기
- 웃기

- 눈맞춤하기
- 자신의 움직임을 거울에 비춰 보기
- 스킨십하기
- 손바닥 펴기
- 다리를 꼬지 않기

관계를 끊기 시작한다는 것을 보여 주는 비언어는 다음과 같다.

- 손으로 턱 괴기
- 땀범벅
- 어깨 돌리기
- 경직된 자세
- 기계적인 움직임
- 팔짱 끼기
- 다리 꼬기
- 입술 깨물기
- 빨개진 귀
- 코 문지르기

chapter 33

감정 상태
감정과 분위기 이해하기

카리스마가 있는 사람들은 논리와 감정 사이에 미세한 선이 있음을 이해한다. 누군가에게 영향력을 끼치기 위해 논리와 감정을 둘 다 가지고 있어야 하지만, 사람들의 감정은 매순간 논리를 무시한다는 것을 알아야 한다. 당신은 논리적인 논쟁을 할 수도 있지만, 좀 더 카리스마가 있기를 바란다면 감정을 이해해야 한다. 그러나 감정 상태, 느낌, 잠재의식 유발과 분위기가 사람들에게 어떻게 영향을 미치고, 당신의 카리스마와 영향력 또한 어떻게 영향을 미치는지 실제로 이해하기란 매우 힘들다.

논리는 일시적인 경향이 있는 반면 감정은 당신의 메시지를 미래로 옮길 수 있다. 감정은 우리가 행동하도록 감화를 주지만 논리는 그런 행동을 판단한다. 대부분의 경우 실제로 감정과 논리를 잘 구분하지 못한다. 사실 하루 종일 당신이 느끼는 많은 감정을 명확히 하는 것조차 어렵다. 사람들은 어떤 감정을 느끼게 될지, 얼마나 오래 그 감정을 느낄지, 그 감정이 얼마나 강할지 예측하기 어렵다. 그들은 단지 당신의 메시지가 자신에게 기분 좋은 것인지, 기분 나쁜 것인지를 느낄 뿐이다. 당신의 목표는 타인이 당신에게 반항심이 있을 경우 그의 감정 상태를 변화시키거나, 당신에게 호감이 있을 경우 그 감정을 그대로 유지시키는 것이다.

사람들의 기분을 변화시키고 감정을 다루는 능력은 카리스마를 유지하는 데 중요한 요소이다. 그들이 느끼는 감정이 당신의 메시지에 맞는가? 그들의 감정이 당신의 능력에 도움이 되는가, 아니면 해가 되는가? 그들의 기분이 당신의 카리스마를 못 느끼게 하는가? 당신은 감정을 갑자기 바꿀 수 있는 사람과 상대하고 있는가? 당신이 타인에게 영향력을 미치려고 할 때 어떠한 일반적인 감정이 있고 그들이 당신에게 무엇을 의도하는지 함께 살펴보자.

🌙 ⋯ 카리스마를 손상하고 영향력을 감소시키는 감정

분노

분노는 어떤 것을 가능한 한 해서는 안 된다는 표시이다. 분노는 이차 감정으로 알려져 있다. 즉 사람들이 무언가에 분노했고 그것 때문에 정말 화가 났다고 말하는 것은 보통 서로 다른 두 가지 경우이므로 당신은 사람들이 분노하는 원인을 찾아 그 분노를 줄이도록 도와줄 수 있다. 그 사람에게 도움, 의견, 또는 조언을 요청하라. 이런 요청은 일반적으로 그의 분노를 분산시키거나 분노의 수준을 낮추도록 도와준다. 주장을 입증하거나 반응을 불러일으키기 위해 분노를 이용하면 안 된다. 그런 시도는 항상 해가 된다.

걱정

누군가가 현재 일어나고 있는 일이나 앞으로 일어날 일에 대해 걱정하고 마음을 빼앗겼을 때, 그의 기분을 끌어올리고 그에게 영향을 미치는 당신의 능력은 줄어들게 마련이다. 걱정은 사람들을 예민하고 불쾌하며 불안하게 한다. 걱정은 미래에 대한 부정적인 시각이라고도 할 수 있다. 그러므로 청중을 다시 현실로 데려와야 한다. 걱정은 그들의 부정적인 이미지를 긍정적인 이미지로 대체할 때 진정될 것이다. 걱정을 줄이는 방법은 그들이 스스로 결정하도록 도와주는 것이다. 걱정은 희망적인 결정을 할 때 줄어들기 때문이다.

두려움

두려움은 위험이나 염려로 인해 생기는 불안이나 긴장이다. 실제로 해로울 수도 있지만 그 감정은 일반적으로 행동 과잉적인 상상의 산물이다. 두려움은 우리를 자극하고 우리가 인지한 불쾌한 상황이나 어떤 위험으로 내몬다. 이성이 두려움을 감소시키는 경우는 드물다. 두려움을 이해하는 비결은 과거 경험으로부터 배운 것을 깨닫는 것이다. 두려움은 실제가 아니라는 것을 기억하라. 사람들이 두려워할 때 당신이 해결책을 제시할 수 있다는 것을 명심하라. 훌륭한 영향을 주는 사람으로서의 역할은 사람들이 두려움을 극복하는 데 도움을 주는 것이다.

감정에 영향을 미치는 외적인 요인

몇 가지 중요한 감정을 이해했으니 이제 당신에 대한 타인의 인식을 바꾸거나 주변에 대한 타인의 인식을 바꿀 수 있는 외부 요인을 다룰 필요가 있다. 외부 요인은 인식, 기분, 감정을 변화시킬 수 있다. 사람들의 마음 상태를 어떻게 변화시킬 수 있고 그들이 어떻게 느끼는지에 대해 살펴보자.

음악

음악은 우리의 정서, 기분, 감정과 긴밀하게 연결되어 있다. 학창 시절 공연에서 춤추는 동안 연주되었던 인상적인 음악을 아직도 기억할 것이다. 음악은 우리를 강력하게 이끌고 순간적인 기분과 기억을 이끌어 낸다. 음악이 좋거나 나쁜 느낌과 기억을 유발할 수 있다는 것을 기억하라. 음악은 우리를 잠들게도 하고 더 많은 힘을 주거나 더 로맨틱하게 느끼게도 한다.

냄새

우리의 후각은 음악보다 더 빨리 기억과 기분을 불러일으킨다. 좋은 냄새는 당신을 편안하게 하고 다른 사람과 영원히 친구로 만들어 줄 수 있다. 나쁜 냄새는 그 반대로 작용한다. 사람들을 멀어지게 하는 냄새는 그들을 불편하게 하고 당신을 꺼리게 한다. 냄새에 관한 최근의 가장 큰 불만 중 하나는 과도한 향수 냄새이다. 정말 그렇게 강한 냄새가 필요하다고 생각하는가? 상대방에게 부담을 줄 수 있는 당신의 냄새를 없애기 위해 강력한 냄새 제거제를 과도하게 사용할 필요는 없다. 오히려 너무 진한 냄새는 당신에 대한 호감을 감소시킨다.

색상

색상 문제는 우리가 생각하는 것 이상이다. 색상은 기분, 느낌, 또는 태도에 영향을 준다. 잠재의식 속에서 영향을 주는 것이기 때문에 우리는 그런 일이 일어나는지조차 깨닫지 못한다. 어떤 색상에 대한 반응은 문화마다 다를 수 있지만 색상의 힘은 강력하다. 회사들은 새로운 제품을 포장하는 데 사용할 색상을 결정하기 위해 매년 큰돈을 쓴다. 색상은 우리의 생각과 반응에 영향을 준다. 올바른 경험과 좋은 마음 상태를 위해 올바른 색상을 선택하는 것을 배워 보자.

 요약

환경 및 외부 자극이 당신의 카리스마를 유지하거나 더 영향력 있게 하는 데 얼마나 도움을 주는지 또는 얼마나 해를 주는지 잘 느껴야 한다. 이러한 기술을 터득할 수 있을 때 당신은 사람들에게서 바람직한 감정, 정서, 반응을 이끌어 낼 수 있을 것이다. 당신은 무슨 일이 일어났으면 하는지를 경험을 통해 배울 수 있다. 당신은 사람들로 하여금 영향을 받는 데 더 개방적이고 편안하며 적극적인 느낌을 갖도록 도울 수 있다.

chapter 34

외모

판단하지 말라

외모도 문제가 될까? 사람을 외모로 판단하지 말라고 배우지만 우리는 모두 외모로 판단한다. 당신에 대한 올바른 판단은 당신의 카리스마와 영향력을 증가시키지만 잘못된 판단은 영향을 미치는 당신의 능력과 카리스마를 급감시킨다는 것을 의미한다. 당신은 원기 왕성해 보이거나 키가 크거나 뚱뚱하거나 건강해 보이는가? 체격은 항상 카리스마와 관련이 있다. 얼굴이나 신체의 모습은 타인의 판단에도 영향을 미칠 것이다. 외모는 당신에 대한 타인의 판단을 변화시킨다. 이런 사실이 공정하지 않다는 것을 나도 알지만 여기서는 현실을 다룰 뿐이다.

우리가 육체적 외모에 대해 알고 있는 몇 가지는 다음과 같다.

- 동안(童顔)의 특성을 지닌 성인의 얼굴은 정직하다고 판단된다.
- 과체중은 신뢰성이 떨어진다.
- 넓은 이마는 지적이라는 인식을 증가시킨다.
- 구식 헤어스타일은 호감도를 떨어뜨린다.
- 키 큰 사람은 신뢰가 더 가고 권위가 증가된다.
- 턱수염은 신뢰를 감소시킨다.
- 몸을 구부린 자세는 사람들과의 관계를 끊어지게 한다.
- 보통 크기보다 큰 귀는 지적이라는 인식을 감소시킨다.
- 흰 치아는 더 매력적으로 평가된다.

외모는 긍정적이거나 부정적인 성격 두 가지에 의해 판단된다. 긍정적인 특성은 당신에 대한 전반적인 인식을 개선해 준다. 사람들은 기분 좋은 외모를 가진 당신에게 신뢰, 지성과 같은 특성을 자연스레 연결시킨다. 흥미로운 사실은 사람들이 자신이 너무 완벽하거나 너무 잘생기거나 예쁘게 보이기를 원치 않는다는 것이다. 너무 멋있거나 잘생기면 다른 사람들이 이방인처럼 생각할 것이기 때문에 오히려 타인과 관계를 맺기 어려울 수 있다. 약간의 신체적 결점은 우리의 방어를 느슨하게 하고 누군가에게 더 연결된다는 느낌이 들게 한다. 나는 엄청난 결점에 대해 이야기하는 것이 아니라 살짝 벗겨진 대머리, 작은 흉터, 또는 약간 기이한 모양의 코와 같이 사소한 것에 대해 이야기하고 있는 것이다.

우리는 무엇으로 판단되고 있는가?

- 전반적인 외모
- 체중
- 단정한 차림새
- 헤어스타일
- 장신구
- 복장

크고 작은 다양한 방법으로 선천적인 신체적 상태를 더 좋게 변화시켜서 카리스마를 증가시킬 수 있다(개성조차도 매력적으로 보이거나 추해 보일 수 있다). 매력도는 많은 사람들이 깊이 생각하지 않는 아주 간단한 것(예를 들면 본래 모습, 체중을 유지하는 것, 제대로 된 옷을 고르는 것, 장신구에 주목하는 것, 좋게 보이는 헤어스타일)에 달려 있다는 것을 상기하라. 스타일을 좇아라. 스타일은 빠르게 변하며, 그 시대의 패션을 아주 무시한다면 카리스마 능력이 줄어들 수 있을 것이다.

의복

당신은 입고 있는 옷을 통해 사람들에게 무엇을 말하고 있는가? 두 가지 부류가 있다. 상당수의 사람들은 어떻게 입거나 어떻게 보이는지에 관심이 없어서 복장에 별로 신경 쓰지 않는 것 같다. 한편 어떤 사람들은 복장에 지나치게 신경을 쓴다. 복장은 신뢰성이나 영향력을 감소시키거나 증가시킬 수 있다. 당신은 재단사가 필요한가? 컨설턴트가 필요한가? 한참 지난 스타일에 매달리고 있는가? 잘못된 복장은 잠재적인 카리스마를 빼앗아 간다.

최신 유행 스타일일 필요는 없지만 당신의 옷이 외모를 깎아내려서도 안 된다. 트렌드와 사람들의 기대에 주의를 기울여라. 당신의 복장은 편안해야 하며 당신이 스마트하게 보이게 해야 한다(육체적·정신적으로). 의복 덕분에 당신에게 호감을 품는 사람이 많다면 당신의 기분도 좋을 것이다.

외모의 이면

당신의 모습에 많은 변화를 줄 수 없더라도 사무실, 장신구, 또는 외부 상징과 같은 주변 물건으로 순간적인 주목을 끌 수 있다. 이러한 것들도 당신의 권위와 카리스마에 대한 사람들의 인식에 영향을 준다. 당신이 올바른 메시지를 보내고 있는지를 파악하기 위해 주변 물건(옷, 가지고 다니는 서류 가방이나 지갑, 책상 위 물건, 안경)을 확인해야 한다. 당신의 구두는 반짝이는가 아니면 낡았는가, 또는 당당한가 아니면 뒤처진 스타일인가? 당신의 웹사이트, 명함, 서신 윗머리 내용 및 사무실 장식은 얼마나 전문성이 있는가? 깨끗하게 정돈되어 있는가? 전문적으로 느껴지는가?

요약

사람들이 당신의 성격, 능력 및 메시지를 넘어서 다른 많은 요소로 당신을 판단할 때 그들이 공정하지 못하다고 생각할지도 모른다. 당신은 이런 많은 것들을 바꾸거나 완벽하게 통제할 수는 없지만 미래를 내다보고 고칠 수 있는 것들을 고치도록 노력해야 한다. 어느 누구도 이 장에서 논의된 것들을 100퍼센트 변화시킬 수는 없다는 것을 깨달아야 한다. 그러나 더욱 숙련하고 고칠수록 카리스마를 계발하기가 더 쉬워질 것이다. 오늘 변화시키거나 관리할 수 있는 것 하나를 골라 보라. 하나만 바꿔도 당신의 이미지와 외모가 개선되고 영향력이 커질 것이다.

chapter 35

사람들을 어떻게 밀어내는가
사람들을 밀어내지 말라

당신은 사람들을 밀어내고 있는가? 대부분은 아니라고 하겠지만 실제로는 마음이 멀어지게 했을지도 모른다. 아마 당신은 자기를 잘못된 길로 안내하는 사람을 만난 것이라고 생각할 것이다. 그들은 당신을 밀어냈고 당신도 그들을 좋아하지 않았다. 그들이 무엇을 잘못하더라도 당신은 어떻게 느꼈는지를 그들에게 솔직하게 말하지 않을 것이다. 그냥 당신은 그들을 다시는 보지 않으려고만 할 것이다. 사람들이 떠나가게 하는 경우, 당신은 그들에게 많은 영향력을 끼치지 못하고 그들은 당신을 카리스마 있는 사람으로 생각하지 않을 것이다. 어떤 습관이나 행위가 사람들을 떠나게 하고, 당신의 카리스마 IQ를 떨어뜨리는가? 예를 들어 당신은 신경질적이며 화를 잘 내고 긴장되어 보이는가? 카리스마 있는 사람은 다른 사람들을 편안하게 해 주고 그들을 안심시킨다.

당신은 사람들에게 공격적이고 화를 잘 내지만 정작 당신 자신은 그런 사실을 모르고 있을 수도 있다. 당신은 자신이 사람들에게 친절하고 심지어 관심을 받고 있다고 생각할 수 있지만, 타인의 마음을 사로잡거나 아니면 멀어지게 할 수도 있다.

나는 여기서 결론을 포장하지 않겠다. 내 연구에서는 어떤 사람이 타인들과 관계를 맺으려고 시도하거나 그들에게 영향력을 끼치려고 노력한 후에 나는 종종 그 타인들과 대화한다. 그들은 상대방에게는 불평하지 않지만, 상대방이 했던 것과 상대방이 한 일을 알지도 못한다는 것에 대해 나에게는 불만을 토로한다. 사람들은 당신에게 말하지 않는 것이 좋을지 모르지만, 당신이 그들을 멀어지게 한다는 것을 계속 모른다면 어떻게 되겠는가? 당신은 돈과 카리스마가 계속 멀어지게 하는 것이 좋은가? 다음은 사람들을 멀어지게 하는 행동과 그에 대한 불만이다.

- 너무 많이 이야기하는 것 : 말주변이 좋은 것이나 당신이 누군가와 가벼운 대화를 나눌 수 있다는 것은 확실히 장점이 될 수 있겠지만 자신을 한번 살펴보라. 항상 당신만 말하고 있을 경우 사람들에게 어

떻게 영향력을 미칠 수 있겠는가? 당신이 상대방이 원하고 필요로 하며 관심 있어 하는 것을 듣기보다 말하는 것을 좋아한다고 사람들이 느낄 경우 그들은 매우 당황스러울 것이다.

• 얼마나 많이 알고 있는지를 보여 주는 것 : 우리는 자신의 지식과 지혜로 감동을 주기 위해, 사람들이 하고 싶은 것을 왜 해야만 하는지에 대한 수많은 이유를 장황하게 나열한다. 단순히 모든 것을 뱉어 내거나 무리하게 설득할 경우, 당신은 청중에게 질문할 여지나 결정할 여지를 주지 않는 것이다. 당신은 강압적이고 공격적이며 밉살스러운 인상을 줄 것이다.

• 너무 빨리 친해지는 것 : 누군가의 사무실에 무언가를 들고 가서 그것에 대해 친하게 얘기하던 시대는 지나갔다. 사람들은 자신에게 친하게 구는 잠재적 의도를 금방 파악하며, 그 시도는 대개 당신에게 엉뚱한 결과를 가져다준다. 대부분의 사람들은 원하지 않는 잡담을 싫어하며 심지어 그것을 공격적으로 생각한다는 연구 결과도 있다. 사람들은 자신이 원하는 것이나 요구를 이해하는 사람과 이야기하고 싶어 한다.

• 너무 빨리 편안해지는 것 : 당신은 사람들이 편안해지도록 먼저 편하게 대하고 싶어 한다. 당신은 사람들에 대해 알게 되기를 바랄지 모르지만, 무리수를 두어서 편안함을 조장하려 든다면 사람들을 멀어지게 할 것이다. 예를 들면 다른 사람의 책상 위 물건을 만지거나 무언가를 다른 곳으로 옮기거나 그들의 개인 의자에 앉을 때도 분노를 살 수 있다. 그들의 물건을 존중하면 그들은 당신을 존중할 것이다.

- 지나친 보수주의 : 당신은 서투르고 공격적이며 진부한 기법을 사용하는 보수주의적 인상을 주는가? 꼭 가짜 같아서 몇 년 전에 금지되었어야만 하는, 이미 자취를 감춘 기술을 사용하는 데 집착하는가? 이전에 반대당했던 것을 어떻게 처리하느냐에 따라 당신이 거만한지 겸손한지가 판단될 것이다.

- 근접학proxemics : 근접학은 공간 분리에 관한 학문이다. 타인이 긴장하고 불편해지기 전에 당신은 그와 얼마나 가까워질 수 있는가? 당신은 누군가에게 영향력을 끼치려 하고, 그것을 유지하거나 또는 유지가 지속되지 않도록 하는 메시지를 전달하는가? 개인 공간을 존중해야 한다. 그렇지 않으면 사람들은 불편하게 느낀다. 탁자에 앉거나 책상 맞은편에 앉을 때 우리는 서로 개인적 공간의 보이지 않는 선을 그리는 결과를 낳는다. 이러한 보이지 않는 영역의 선을 침범할 때 긴장을 조성하게 된다. 우리 모두는 타인이 들어오게 허용하거나 들어오지 못하게 막는 영역을 가지고 있다.

요약

이러한 실수는 조용히 카리스마를 상실시킨다. 대부분의 사람들은 당신이 자신의 실수를 솔직하게 인정하지 않는다는 사실을 말하지 않을 것이다. 긁어서 부스럼을 만들고 싶지는 않을 것이다. 다시 말해 당신이 그들을 멀어지게 한다는 사실을 말이다. 그들은 당신에게 거짓말을 하는 것이 더 편하고 당신의 감정을 상하게 하고 싶지 않다고 여긴다. 그들은 당신에게 거리를 두고 당신과 다시 대응하려 하지 않는다. 이러한 장애물은 우리가 그 사실을 깨닫지 못하기 때문에 카리스마와 영향력 있는 리더가 되는 데 큰 걸림돌이 된다. 다음은 사람들에게 인정받지 못하게 만드는 행동이다.

- 세부 사항이나 특징을 과장하는 것
- 불필요한 질문을 하는 것
- 너무 부드러운 인상을 주는 것
- 자신이 옳다는 것을 입증하려고 논쟁하거나 무리수를 두는 것
- 지속적으로 귀찮게 하는 것
- 열정이 부족한 것
- 실행력이 부족한 것
- 부정적인 태도를 취하는 것
- 사실이 편향되어 있는 것
- 고압적 수단을 행사하는 것
- 과장하거나 사기 치는 것
- 관계에 대해 불성실한 것
- 기만의 징후를 보여 주는 것
- 거절하는 것에 대한 두려움을 지나치게 갖는 것
- 서투른 핑계를 대는 것

우는 형제 이야기

한 집안에 아들 둘이 있었는데 이들은 하루의 대부분을 서로 싸우면서 보냈다. 형제는 항상 경쟁하며 싸움에서 이겨야 한다고 생각했다. 부모는 모두에게 손해인 싸움을 끝내고 아들들이 서로 사이 좋게 지내게 하려고 노력했다. 아버지는 아들들이 한 팀이 되게 할 방법을 궁리했다.

어느 날 형제의 싸움이 유난히 더 격렬하고 시끄러웠다. 싸움이 하루 종일 지속되자 아버지는 어찌할 바를 몰랐다. 그는 그대로 두어서는 안 된다는 것을 깨달았다. 그는 아들들을 뒷마당에 불러 세워 놓고 나무 막대기를 가져오라고 명령했다. 그는 아들들에게 들고 올 수 있을 만큼의 막대기를 모아 오라고 말했다. 아들들은 시합이라고 생각하여 가능한 한 많은 막대기를 모아 아버지에게 가져갔다.

그들은 자신이 시합에서 이겼다는 것을 확인하고자 했다. 그런데 아버지가 막대기 묶음을 부러뜨리라고 말하자 놀랐다. 누구든 그 전체 묶음을 부러뜨리면 승자가 된다고 아버지가 말했다. 아들들은 투덜거리며 막대기 묶음을 부러뜨리려고 했지만 그럴 수가 없었다. 그러자 아버지는 묶음을 풀어서 아들들에게 나무 막대기를 하나씩 주었다. 그러고는 다시 나무 막대기를 부러뜨려 보라고 말했다. 형제는 둘 다 쉽게 나무 막대기를 부러뜨렸다. 이때 아버지가 말했다.

"얘들아, 오늘 너희는 귀중한 두 가지 교훈을 배웠다. 첫째, 형제로서 함께 협력하면 너희는 혼자 하는 것보다 한 팀으로 더 많은 걸 이뤄 낼 수 있다는 것이다. 둘째, 너희 중 한 명이 감당하기에 너무 큰 일은 작은 조각으로 나눌 수 있다. 그러면 그것을 모두 함께 이뤄 낼 수 있다."

의미

자신의 카리스마를 활용하면 많은 사람들을 매료시킬 수 있을 것이다. 사람들을 끌어모으고 팀을 만들어 시너지를 창출하면 당신은 꺾일 수 없는 존재가 되고 무한한 힘을 가짐으로써 당신의 목표를 달성하기 위한 자원을 가지게 되고 세상을 더 좋은 곳으로 만들 수 있다. 요점은 간단하다. 우리는 함께 일할 때 더 많은 것을 성취할 수 있다는 것이다.

이 책에서 배운 모든 것을 한 번에 해내려고 시도한다면 어마어마할 것이다. 내용을 개별 기술로 나누고 하루에 하나 또는 한 주에 하나의 기술을 터득하라. 그러면 그 달이나 그해가 끝날 때까지 큰 목표(막대기 묶음)를 이뤄 냄으로써 카리스마 기법을 훨씬 더 확실히 습득하게 될 것이다.

다음에는 무엇인가

우리가 행하기 위해 배워야 할 것을 우리는 행함으로써 배운다.

– Aristotle

당신이 무엇을 하려 하느냐가 아니라 지금 무엇을 하고 있느냐가 중요하다.

– Napoleon Hill

카리스마는 평생 동안 추구하는 것이다. 인기나 친구의 수에 혼동하지 말고 카리스마를 가지는 데 주의하라. 당신이 무언가를 하는 것에 있어 사람들에게 영향력을 미칠 수 있다 해도 그들에게 장기적으로 영향을 줄 필요는 없다. 당신은 이 중요한 인생의 기술을 정확히 습득하지 못할 수도 있다. 그것은 평생 동안 추구해야 하는 것이다. 그러므로 카리스마를 갖기 위해 계속 노력하자. 더 많은 도구를 배울수록 더 많이 성공하게 된다.

여기서 이야기한 몇몇 기술은 자연스럽게 익힐 수도 있다. 어떤 기술은 아주 조금의 실습만 필요할 수도 있다. 또 다른 것들은 매우 낯설어 집중력 있는 노력이 필요할 수도 있다.

경주에서 승리하기 위해(목표를 이루기 위해) 달리기를 시작해야 한다. 나는 한때 하프 마라톤을 뛰려고 준비 중이었는데 어떠한 것도 가볍게 여겨서는 안 된다고 느끼고 있었다. 나는 미리 스트레칭을 하던 중 위대한 진실을 알려 주는 티셔츠를 보았다. "도전은 끝나지 않았다. 도전은 시작되고 있다." 그렇다. 경주를 시작하기 위해 결심하라. 그러면 끝나는 목표점을 향해 자신이 움직이고 있다는 것을 알게 될 것이다. 당신은 모든 핑계를 생각해 낼 수 있겠지만 그중 어떠한 것도 당신을 성공이나 행복으로 이끌어 줄 수는 없다. 이 책의 기법을 날마다 실습해 보라. 처음 무엇이든 시작하면 약간은 어색하게 느껴지거나 잘 안 되는 것처럼 느껴질 수도 있다. 그러나 계획을 고수하고 경주를 계속하면 성공을 이루게 될 것이다.

자신의 카리스마 기술/특성을 평가하라.

_____ 열정	_____ 자신감
_____ 일치	_____ 낙관주의
_____ 긍정의 영향력	_____ 에너지와 균형
_____ 유머와 행복	_____ 자기 수양
_____ 능력	_____ 직감
_____ 목적	_____ 진실성
_____ 용기	_____ 창의성
_____ 집중력	_____ 프레젠테이션 기술
_____ 대인관계 기술	_____ 영향력
_____ 스토리 말하기	_____ 눈맞춤
_____ 경청	_____ 라포
_____ 고취 능력	_____ 자존감
_____ 신뢰성	_____ 동기 부여
_____ 호의	_____ 비전
_____ 공감	_____ 존중

추가적인 정보와 오디오(lawsofcharisma.com)

• 관련 기사

• 관련 오디오 : '분위기 문제 : 설득을 방해하는 감정'

• 활동지

1부 존재 : 당신은 무엇을 발산하는가

1장 열정-순수 에너지의 전환

비슷한 지성과 핵심 역량, 같은 설득 기술을 가졌지만 수입에 차이가 나는 두 설득자를 비교했을 때 두 사람의 수입 차이는 일반적으로 열정의 차이에서 비롯된다. [Kurt W. Mortensen, *Persuasion IQ: The 10 Skills You Need to Get Exactly What You Want* (New York: AMACOM, 2008).]

경외심, 영감, 권한 부여의 측면에서 볼 때, 추종자들은 카리스마가 있는 사람을 어떻게 묘사하는가? [O. Behling and J. M. McFillen, "A Syncretical Model of Charismatic/Transformational Leadership," *Group & Organization Management* (June 1996): 21.]

열의와 감정은 전염성이 있다. [James M. Kouzes and Barry Z. Posner, *The Leadership Challenge*, 4th ed. (San Francisco: Jossey-Bass, 2008), p. 144.]

열정을 갖고 있을 때 더 높은 수준의 성취를 하도록 자기 자신을 이끌며, 상상력을 자극하고 동기를 유발하는 사명감을 갖게 된다. [Kurt W. Mortensen, *Persuasion IQ: The 10 Skills You Need to Get Exactly What You Want* (New York: AMACOM, 2008).]

2장 자신감 – 확신은 전염성이 있다

카리스마가 있는 사람은 강력하고 자신감이 있으며 역동적인 존재감을 드러낸다. [Bernard M. Bass, *Bass & Stogdill's Handbook of Leadership*, 3rd ed. (New York: Free press, 1990), p. 190.]

자신감이 10년 만에 최저치로 떨어졌다. [Global Leadership Forecast, a biannual study conducted by Development Dimensions International (DDI) (http://www.ddiworld.com/about/pr_releases_ch.asp?id=181).]

카리스마가 있는 사람은 자신의 능력 및 자기 위치의 정당성에 대한 완벽한 자신감을 보여 준다. [Bernard M. *Bass, Bass & Stogdill's Handbook of Leadership*, 3rd ed. (New York: Free Press, 1990), p. 190.]

카리스마가 있는 지도자들은 좌절감을 느끼거나 목전에서 실패했을 때, 대중이 그런 감정을 갖도록 만들지 않는다. [Bernard M. Bass, *Bass & Stogdill's Handbook of Leadership*, 3rd ed. (New York: Free Press, 1990), p. 190.]

오만함은 관리자에게 맞서는 첫 번째 불평이다. [Heather Johnson, "Overbearing Arrogance. (ThermoStat)," *Training*, 39, 12 (December 2002): 18(1). (Senior management posts, interviewing techniques, brief article.)]

3장 일치 – 행동 vs. 의도

잘못된 신호나 몸짓은 화자가 능숙하지 못하다는 인상을 준다. [P. D. Blanck and R. Rosenthal, "Nonverbal Behavior in the Courtroom." In R. S.

Feldman (Ed.), *Applications of Nonverbal Behavioral Theories and Research* (New York: Lawrence Erlbaum, 1992), pp. 89-118).]

당신의 몸짓은 자신감과 신뢰감이 부족하다는 판단을 야기할 수 있다. [P. D. Blanck and R. Rosenthal, "Nonverbal Behavior in the Courtroom." In R. S. Feldman (Ed.), *Applications of Nonverbal Behavioral Theories and Research* (Hillsdale, N.J.: Lawrence Erlbaum, 1992), pp. 89-118).]

비언어적인 행동은 화자의 친화성과 매력에 대한 인상에 영향을 미친다. [J. K. Burgoon, T. Birk, and M. Pfau, "Nonverbal Behaviors, Persuasion, and Credibility," *Human Communication Research*, 17 (1990): 140-169.]

눈맞춤을 거의 하지 않거나, 상체를 뒤로 젖히거나, 가까이하지 않으려는 몸짓은 상대방을 좋아하지 않는다는 것을 드러낸다. [J. K. Burgoon, T. Birk, and M. Pfau, "Nonverbal Behaviors, Persuasion, and Credibility," *Human Communication Research*, 17(1900): 140-169.]

4장 낙관주의 – 태도 수정

삶의 초기부터 낙관적인 관점을 가지면 수명이 연장될 것이다. [David Snowdon, *Aging with Grace: What the Nun Study Teaches Us About Leading Longer, Healthier, and More Meaningful Lives* (New York: Bantam, 2002).]

낙관주의는 더 좋고 강한 사회적 네트워크와 사회적 지지를 발전시키고 유지하도록 해 준다. [Copyright 2003 W. H. White Publications, Inc. "Be Optimistic; Improve Your Health," "Positive Thinking, Faster Recovery," "Power of Positive Thinking Extends...to Aging."]

인생에서 낙관적인 관점을 가진 사람은 더 높은 수준의 동기 부여, 인내, 수행 능력을 보인다. [S. E. Taylor and J. D. Brown, "Illusion and Well-being: A Social Psychological Perspective on Mental Health," *Psychological Bulletin*, 103 (1988): 193-210.]

행운에 대한 믿음은 낙관주의와 자신감을 일으키는 긍정적인 인상을 준다. [M. E. P. Seligman and P. Schulman, "Explanatory Style as a Predictor of Productivity and Quitting Among Life Insurance Sales Agents," *Journal of Personality and Social Psychology*, 50 (1986): 832-838.]

비관적인 사람은 낙관적인 사람에 비해 2배나 빨리 포기한다. [Ibid.]

5장 긍정의 영향력 – 무력은 카리스마가 아니다

전문적인 힘은 정보, 지식, 지혜에서 드러난다. [Bernard M. Bass, *Bass & Stogdill's Handbook of Leadership*, 3rd ed. (New York: Free Press, 1990), p. 233.]

누구나 각자의 깊은 내면에 영향력을 가지고 싶고, 다른 사람들의 반응을 불러일으키고 싶어 한다. [Floyd Allport, *Social Psychology* (New York: Houghton-Mifflin, 1999).]

카리스마는 지도자처럼 한 사람의 위치에서 행하는 하나의 기능이다. [Bernard M. Bass, *Bass & Stogdill's Handbook of Leadership*, 3rd ed. (Free Press, 1990), p. 185.]

법 집행이나 보건 의료 캠페인을 위한 기부금을 모을 때 일상복보다 경찰관이나 간호사 유니폼을 입으면 더 효과적이다.[L. Bickman, "The Social Power of a Uniform," *Journal of Applied Social Psychology*, 1974): 47-61.]

보행자는 교통 신호등 앞에서 사회적으로 높은 지위를 드러내는 복장을 한 실험자가 위반하는 것을 목격했을 때 신호 위반을 더 많이 한다. [Bernard M. Bass, *Bass & Stogdill's Handbook of Leadership*, 3rd ed. (New York: Free Press, 1990), p. 171.]

6장 에너지와 균형 – 활기 넘치는 행복

카리스마가 있는 사람은 높은 수준의 에너지가 있고 활발히 참여한다. [Bernard M. Bass, *Bass & Stogdill's Handbook of Leadership*, 3rd ed. (New York: Free Press, 1990), p. 207.]

친구를 사귀고 좋은 관계를 맺으면 더욱 건강해진다. [Dorothy Foltz-Gray, "The Laughing Cure: Why This Couple Will Never Get Sick. (Good Health From Laughter and Enjoyment)," *Prevention*, 50, 10(October 1998): 92(9).]

긍정적인 사회적 유대감은 질병과 싸우는 능력을 증가시킨다. [E. Bachen, S. Manuck, M. Muldoon, S. Cohen, and B. Rabin, "Effects of Dispositional Optimism on Immunologic Responses to Laboratory Stress," 1991, unpublished data.]

종교와 기도는 암과 심장병에 걸릴 가능성을 줄여 준다. [*International Journal of Psychiatry in Medicine*, October 1997.]

7장 유머와 행복 – 내면에서 나온다

활기차게 살면서 행복한 성향을 지니는 것은 항상 카리스마와 관련된다. [Bernard M. Bass, *Bass & Stogdill's Handbook of Leadership*, 3rd ed. (New York: Free Press, 1990), p. 70.]

유머를 적절히 사용하면 청중의 신뢰가 커진다. [W. P. Hampes, "The Relationship Between Humor and Trust," *Humor: International Journal of Humor Research*, 12 (1999): 253-259.]

유머는 당신과 청중의 연결을 도와주고 당신의 메시지에 대한 주목을 이끌어 낸다. [C. P. Duncan and J. E. Nelson, (1985). "Effects of Humor in a Radio Advertising Experiment," *Journal of Advertising*, 14 (1985): 33-40.]

카리스마와 유머 감각은 직접적인 관계가 있다. [Bernard M. Bass, *Bass & Stogdill's Handbook of Leadership*, 3rd ed. (New York: Free Press, 1990). p. 70.]

당신이 유머를 사용할 때 사람들은 당신에 대해 호의적이게 된다. [J. L. Freedman, D. O. Sears, and J. M. Carlsmith, *Social Psychology*, 3rd ed. (Englewood Cliffs, N.J.: Prentice-Hall, 1978).]

 ## 2부 핵심 자질 : 내면은 외면을 좌우한다

8장 자기 수양 – 의지력은 헌신과 동일하다

최고의 운동선수, 예술가, 학자로서 성공의 주요인은 재능이 아니라 탁월한 추진력과 결정력이다. [Keith Johnson, *The Confidence Makeover: The New and Easy Way to Quickly Change Your Life* (Shippensburg, Penn.: DestinyImage, 2006). A report on a five-year study of 120 of America's top artists, athletes, and scholars, by a team of researchers led by Benjamin Bloom, a University of Chicago education professor.]

카리스마가 있는 사람은 육체적 · 정신적 강인함, 희생, 그리고 시련과 도전을 극복하기 위한 각고의 노력을 강조한다. [R. J. House and J. M. Howell, "Personality and Charismatic Leadership," *Leadership Quarterly*, 3 (1992): 81-108.]

카리스마가 있는 사람은 자신의 사명과 일에 열정적으로 몰입한다. [R. J. House and J. M. Howell, "Personality and Charismatic Leadership," *Leadership Quarterly*, 3 (1992): 81-108.]

충전의 기회를 잃은 배터리 혹은 피로에 긴장된 채로 과하게 사용된 근육처럼, 연속적인 업무를 한 후에 자기훈련과 의지력이 약해질 것이다. [M. Muraven and R. F. Baumeister, "Self-Regulation and Depletion of Limited Resources: Does Self-Control Resemble a Muscle?" *Psychological Bulletin*, 126 (2000): 247-259.]

9장 능력 – 모르는 게 독이 될 것이다

우리가 능숙하거나 유능하다고 느끼지 않는다면 우리의 목표를 추구하는 능력은 제한적일 것이다. [http://www.psychologytoday.com/blog/dont-delay/200902/fear-failure]

유능함을 느끼는 것은 동기 유발을 증진하고, 두려움을 줄여 주며, 카리스마와 리더십을 향상한다. [http://www.psychologytoday.com/blog/dont-delay/200902/fear-failure]

지능과 수입 사이에는 직접적인 상관관계가 있다. [Kevin Hogan and Mary Lee Labar, *Irresistible Attraction* (Network 3000, 2000).]

인간에게는 세 가지 주요한 기본적인 욕구 — 자율, 관계, 능력 — 가 있다. [Edward Deci and Richanrd Ryan, *Handbook of Self-Determination Research*

(Rochester, NY: University of Rochester Press, 2002).]

오늘날의 비즈니스에서 중요한 다섯 가지 역량은 다음과 같다.

- 자원 : 정체성, 준비성, 계획성, 자원 할당
- 대인 관계 : 타인과의 작업
- 정보 : 정보 획득과 평가
- 체계 : 복잡한 연관성 이해
- 기술 : 다양한 기술로 작업

[U.S. Departments of Labor and Education Formed the Secretary's Commission on Achieving Necessary Skills (SCANS) to study the kids of competencies and skills that workers must have to succeed in today's workplace. The results of the study were published in a document entitled "What Work Requires of Schools: A SCANS Report for America 2000" (http://www.ncrel.org/sdrs/areas/issues/methods/assment/as7scans.htm).]

10장 직감 – 직감을 따르라

한 실험에서 대학생들은 교수에 대한 10초짜리 비디오 영상을 수업 기간 동안 세 번(학기 초, 중간, 기말) 보고 난 후 따뜻함, 에너지, 자신감을 바탕으로 그 교수를 평가했다. 연구 결과, 교수에 대한 대학생들의 평가는 한 학기 동안 실제로 수업에 참여했던 대학생들의 평가와 일치했다. [N. Ambady and R. Rosenthal, "Thin Slices of Expressive Behavior as Predictor of Interpersonal Consequences: A Meta-Analysis," *Psychological Bulletin*, 46 (1992): 256-274.]

최고 수준의 관리자는 최저 수준의 관리자에 비해 직감 사용에서 더 높은 점수를 기록했다. [Weston H. Agor (ed.), *Intuition in Organizations: Leading and Managing Productively* (Thousand Oaks, Calif.: Sage Publications, 1989).]

모든 상황을 의식적으로 시시콜콜하게 따지는 것은 매우 비효율적이다. [D. Goleman, *Working with Emotional Intelligence* (New York: Bantam Books, 1998).]

직감은 우리가 인식하는 것보다 더 거대하다. 그것은 우리의 전문 지식, 창의성, 사랑, 영성을 풍성하게 만든다. [David G. Myers, "The Powers and Perils of Intuition," November 01, 2002 (http://www.psychologytoday.com/articles/200212/the-powers-and-perils-intuition).]

11장 목적 – 무한의 욕구로 다가가기

카리스마가 있는 관리자는 자기 아이디어의 정확성에 대해 높은 수준의 확신, 열정, 몰입을 지니고 있다. [Jane Whitney Gibson and Charles W. Blackwell, "Flying High with Herb Kelleher. A Profile in Charismatic Leadership," *Journal of Leadership Studies* (Summer-Fall 1999): 120.]

카리스마가 있는 사람은 자신의 사명에 전념하고 자신이 올바른 방향으로 나아가고 있다는 것에 대해 긍정적이다. [Jane Whitney Gibson and Charles W. Blackwell, "Flying High with Herb Kelleher: A Profile in Charismatic Leadership," *Journal of Leadership Studies* (Summer-Fall 1999): 120; V. E. Frankl, *Man's Search for Meaning: An Introduction to Logotherapy*, 4th ed. (Boston: Beacon Press, 1992), p. 115.]

빅토르 프랑클은 개인의 의미에 대해 이렇게 말했다. "그것은 항상 자신보다는 타인이나 다른 어떤 것, 즉 성취할 의미가 있는 것이나 만나게 될 다른 사람에게로 향하고 지향하는 것이다." [As quoted in J. J. Sosik, "The Role of Personal Meaning in Charismatic Leadership," *Journal of Leadership Studies*, 7, 2 (2000): 60-74.]

목적은 이타적 리더십을 통해 발견되는데, 이는 '타인에 대한 관심을 통한 동기 부여를 포함하는 것'으로 정의된다. [R. N. Kanungo and M. Mendonca, *Ethical Dimensions of Leadership* (Thousand Oaks, Calif.: Sage Publications, 1996).]

12장 진실성– 성격이 중요하다

인간은 타인을 존중하는 최고의 두 가지 특성을 정직함과 진실성이라고 평가한다. [*Men's Health* (June 1995).]

인간은 타인에 대한 최고의 부정적 특성이 거짓말/부정직함이라고 평가한다. [*Men's Health* (June 1995).]

사람들은 거짓말, 속임수, 부정행위에 더 관대하다. [Sharon Begley, "A World of Their Own," *Newsweek* (May 8, 2000): 53-56.]

사람들은 자신이 신뢰할 만한 관리자 그리고 현 상황에 대해 자신에게 솔직하게 이야기해 줄 수 있는 관리자와 함께 일하고 싶어 한다. [James C. Sarros, Brian K. Cooper, and Joseph C, Santora, "The Character of Leadership," *Ivey Business Journal Online* (May-June 2007 (company overview). Copyright 2007 University of Western Ontario.]

연구 결과 33%의 사람들이 직속 상사에게 불신을 갖고 있는 것으로 나타났다. [John C. Maxwell, *Develop the Leader Within You*, rev. ed. (Nashville: Thomas Nelson, 2000).]

전국 조사에 따르면 우수한 지도자의 특성을 가졌다고 인정받기 위해 사업가에게 요구되는 가장 가치 있는 특성은 정직과 진실함이다. ["Ugliness May Trump Charisma, Good Looks in Presidential Leadership," *U.S. Newswire* (August 2007).]

13장 용기 – 당당히 참여하라

용기는 불편한 대화를 감수하는 데 필수적인 것이고, 좋은 사람이라는 명함 뒤에 숨지 않는 것이다. [I. Barry Goldberg, "Courage (On Leadership)," *Arkansas Business*, 23, 34 (August 28, 2006): 7(1). Copyright 2006 Journal Publishing, Inc.]

성공을 위한 근무 분위기는 우수성이 인정되는 공정한 보상 체계와 기꺼이 위험을 감수하고 혁신적인 아이디어를 실험하는 것이 특징적이다. [James M. Kouzes and Barry Z. Posner, *The Leadership Challenge*, 4th ed. (San Francisco: Jossey-Bass, 2008), p. 66.]

용기는 추종자들이 뛰어난 성취를 이루도록 동기를 부여하는 사람들이 가진 주요한 자질 중 하나이다. [E. F. Borgatta A. S. Couch, and R. F. Bales, "Some Findings Relevant to the Great Man Theory of Leadership," *American Sociological Review*, 19(1954): 755-759.]

리더가 카리스마적인 호소를 하는 데에는 용기가 필수적이다. 이는 유대인을 이집트로부터 해방시킨 모세, 시민전쟁 당시 미국을 이끌고 노예를 해방시킨 에이브러햄 링컨, 미국에서 평등권을 발전시킨 마틴 루터 킹과 같은 지도자에게서 엿볼 수 있다. 이러한 지도자들은 수많은 도전에 용기 있게 부딪치고 극복함으로써 개인적 의미를 이끌어 냈을 것이다. [E. F. Borgatta. A. S. Couch, and R. F. Bales, "Some Findings Relevant to the Great Man Theory of Leadership," *American Sociological Review*, 19 (1954): 755-759.]

14장 창의성 – 상상력 키우기

우리는 창의적으로 태어나지 않는다. 우리의 뇌는 다르기 때문에 창의적이지 못하다. 창의성은 배울 수 있을 뿐이다. 창의성은 어떤 사람에게는 존재하고 또 어떤 사람에게는 존재하지 않는 마법적인 뇌 영역의 결과가 아니다. [R. Keith Sawyer, PhD, "Expert: You Too Can Be Creative; It Just Takes Hard Work," *PHYSorg.com* (February 3, 2006) (www.physorg.com/news10540.html).]

당신의 지능이 적어도 이 책을 읽을 수 있을 정도라면 당신은 창의적이 될 수 있다. [E. P. Torrance, "Creativity Research in Education: Still Alive," in I. A. Taylor and J. W. Getzels (eds), *Perspectives in Creativity* (Piscataway, N.J.: Transaction Publishers, 1975), pp. 278-296.]

우리는 효과적인 리더십이 대개 창의적 문제해결에 기초한다는 것을 알고 있다. [Anthony Middlebrooks, "Teachig Leadership as Creative Problem-Solving," *Academic Exchange Quarterly*, 10, 2 (Summer 2006): 32(6).]

매우 창의적인 사람은 높은 수준의 전문화된 지식(능력)을 가지고 있으며 (다른 훈련과 영역에서 아이디어를 이끌어 낼 수 있는) 확산적 사고를 할 수 있다. [Kenneth M. Heilman, MD, Stephen E. Nadeau, MD, and David Q. Beversdorf, MD, "Creative Innovation: Possible Brain Mechanisms,"

Neurocase (2003).]

15장 집중력 – 활동이라고 다 같은 활동이 아니다

성공의 큰 지표는 충동을 조절하고 산만함을 극복하며 당면한 과업에 집중하는 능력이다. [*Newsweek* reports approach in New England preschools by psychologist Adele Diamond, "Focus, Not IQ, Might be Best School Skill," Arts & Living, Science & Health.]

갤럽 조사에 따르면 근로자들은 자신들이 하루 평균 1.44시간을 낭비한다고 추산하는 것으로 밝혀졌다. [Joseph Carrol, "U.S. Workers Say They Waste About an Hour at Work Each Day," Gallup (September 6, 2007) (www.gallup.com/poll/28618/us-workes-say-they-waste-about-hour-work-each-day.aspx); Chuck Martin, "Executive Skills: How to Improve Your Ability to Focus," *CIO* (November 7, 2006) (www.cio.com/article/26430/Executive_Skills_How_to_Improve_Your_Ability_to_Focus_?page=1).]

상위 관리자와 임원진은 집중의 기술이 개인의 강점이라고 말한다. [Ibid.]

우리가 먹는 것, 수면 시간, 탄산음료, 아침 식사 여부, 음식 첨가물, 정제된 탄수화물 등 이 모든 것이 우리의 집중력에 영향을 미친다. ["Morning Cereal Can Boost Concentration: UK Study" (http://www.newsmax.com/health/cereal_concentration/2009/04/27/207702.html).]

3부 전달과 의사소통 : 확신을 갖고 말하라

16장 프레젠테이션 기술 – 가르치고 영감과 즐거움을 준다

언어 구사 능력은 다른 사람들에게 영향을 미치는 능력과 직접적인 상관관계가 있다.[Bernard M. Bass, *Bass & Stogdill's Handbook of Leadership*, 3rd ed. (New York: Free Press, 1990), p. 63.]

직업적 성공과 신분 상승의 최고 예측 변수는 당신이 대중 연설을 얼마나 즐기며 잘 해내는가 하는 것이다. [Tony Alessandra, *Charisma: Seven Keys to Developing the Magnetism That Leads to Success* (New York: Business Plus, 2000).]

의사소통을 준비하는 능력은 항상 리더십과 관련된 기술 중 하나이다. [Bernard M. Bass, *Bass & Stogdell's Handbook of Leadership*, 3rd ed. (New York: Free Press, 1990).]

오늘날 사업 환경에서 성공으로 나아가는 데 가장 중요한 기술로는 프레젠테이션 능력이 꼽힌다. [*American Salesman*, 36, 8 (August 1991): 16(5).]

임원진의 대다수(75%)는 작문 기술보다 프레젠테이션 기술이 3배나 더 중요하다고 느꼈다. [*American Salesman*, 36, 8 (August 1991): 16(5).]

17장 대인관계 기술 – 그들은 정말로 당신을 좋아하는가

연구에 따르면 91%의 사람들은 사업을 하는 데 대인관계 기술이 중요하다고 보았으나, 66%의 사람들은 자신의 회사가 그러한 기술을 계발하는 데 전념하지 않는다고 말했다. ["Damaging Shortage of People Skills," *Personnel Today* (June 18, 2002): 9. Survey says two-thirds of UK companies are not committed to developing people management skills.]

의사에 대한 소송과 호감 간에는 흥미로운 상관관계가 있다. 의료 과실 소송 통계 수치에 따르면 환자가 급하고 불성실하게 진료를 받고 무시당했다고 느꼈을 때 의사를 상대로 소송할 가능성이 크다. ["Bulletin: How Plaintiffs' Lawyers Pick Their Targets," *Medical Economics*, 10, 4 (Fall 2001): 47 (http://www.aans.org/library/article.aspx?articleid=10046).]

사람들과 관계 맺는 능력은 카리스마에서 중요하다. 대부분의 연구에서는 카리스마가 있는 사람이 더 사교적인 것으로 나타났다. [Bernard M. Bass, *Bass & Stogdill's Handbook of Leadership*, 3rd ed. (New York: Free Press, 1990), p. 67.]

CEO들에게 어떤 특성이 최고의 자리에 오르도록 도움을 주었는지에 대해 질문했을 때, 그들은 열심히 일하기, 대인관계 기술, 리더십 능력이라고 대답했다. ["What Does It Take to Make It? Sweat, People Skills, Leader-ship," *American Banker*, 156, 138 (July 19, 1991): 2A(1).]

18장 영향력 – 스스로 해내도록 도와라

훌륭한 관리자는 타인에게 자신의 생각을 납득시키는 데 필요한 설득 기술을 지니고 있다. [Bernard M. Bass, *Bass & Stogdill's Handbook of Leader-ship*, 3rd ed. (New York: Free Press, 1990).]

누군가가 당신의 마음을 바꾸려고 설득한다면 그 사람은 오히려 당신에게 설득당할 수 있다. 반대로 당신이 그 사람의 설득하려는 시도를 거부하고 마음을 바꾸지 않는다면 그 사람도 자신의 마음을 바꾸지 않고 아마 비슷한 방식으로 대할 것이다. [Kurt Mortensen, *Maximum Influence: The 12*

Universal Laws of Power Persuasion (New York: AMACOM, 2004).]

비언어적 특징과 행동은 말의 유쾌함과 얼굴 표정을 포함한 설득력과 관련이 있다. [J. K. Burgoon, T. Birk, and M. Pfau, "Non-verbal Behaviors, Persuasion, and Credibility," *Human Communication Resources*, 17 (1990): 140-169.]

95% 이상의 설득과 영향은 잠재의식적 계기를 수반한다. "괜찮아 보인 다", "난 이 사람을 믿어", "난 이 사람을 좋아하지 않아"와 같은 것은 모두 잠재의식적인 정서적 반응에 기초한다. [Joseph Sugarman, Ron Hugher, and Dick Hafer, *Triggers: 30 Sales Tools You Can Use to Control the Mind of Your Prospect to Motivate, Influence and Persuade* (Las Vegas, Nev.: Delstar, 1999).]

사고와 감정의 95%는 의식이 배제된 무의식에서 일어난다. [Daniel M. Wegner, *The Illusion of Conscious Will* (Cambridge, Mass.: MIT Press, 2002); George Lakoff and Mark Johnson, *Philosophy in the Flesh* (New York: Basic Books, 1999); Antonio Damasio, *The Feeling of What Happens* (New York: Mariner Books, 2000); Gerald Edelman and GiulioTononi "Reentry and the Dynamic Core," in ThomasMetzinger (ed.), *Neural Correlates of Consciousness* (Cambridge, Mass.: MIT Press, 2003); Bernard J. Baars, *A Cognitive Theory of Consciousness* (New York: Cambridge University Press, 1988); John R. Searle, *The Rediscovery of the Mind* (Cambridge, Mass.: MIT Press, 1992); Walter J. Freeman, *How Brains Make Up Their Mind* (New York: Columbia University Press, 2000), pp. 13-36; Steven Pinker, *How the Mind Works* (New York: W. W. Norton, 1997).]

19장 스토리 말하기 – 이미지 만들기

인간으로서 우리는 자신에게 해답을 주는 어떤 것에 이끌리게 된다. 스토리는 청중이 갖고 있는 몇 가지 질문에 답하는 데 도움을 준다. [Kurt W. Mortensen, *Persuasion IQ: The 10 Skills You Need to Get Exactly What You Want* (New York: AMACOM, 2008).] 카리스마가 있는 대통령은 그렇지 않은 대통령보다 비유를 거의 2배 더 사용했다. 비유가 포함된 연설은 청중에게 더 많은 영감을 주는 것으로 보인다. [Jeffery Soctt Mio, Ronald E. Riggio, Shana Levin, and Renford Reese, *Presidential Leadership and Charisma: The Effects of Metaphor* (California State Polytechnic University, Pomona, Claremont McKenna College, 2005).]

스토리는 주의 집중을 유도하고, 참여를 이끌어 내고, 복잡한 아이디어를 단순화하며, 자연스럽게 설득되도록 한다. [Kurt W. Mortensen, *Maximum Influence: The 12 Universal Laws of Power Persuasion* (New York: AMACOM, 2004).]

스토리는 통계적으로 사실, 숫자, 예시, 혹은 추천의 글보다는 더욱더 사람들과 관련될 것이다. [Kurt W. Mortensen, *Persuasion IQ: The 10 Skills You Need to Get Exactly What You Want* (New York: AMACOM, 2008).]

20장 눈맞춤 – 말 없는 대화

적절한 양의 눈맞춤을 늘린다면 사람들은 당신을 더 주도적이고 적극적이며 독립적이라고 판단하게 된다. [C. L. Brooks, M. A. Church, and L. Fraser, "Effects of Duration of Eye Contact on Judgements of Personality Characteristics," *Journal of Social Psychology*, 126 (1986): 71-78.]

눈맞춤의 지속 시간과 성격 특성의 긍정적인 평가는 서로 관련이 있다. [G. Knackstedt and C. Kleinke, "Eye Contact, Gender, and Personality Judgements," *Journal of Social Psychology*, 131 (1191): 303-304.

훌륭한 눈맞춤은 높은 자존감을 가진 것으로 여겨진다. [J. M. Droney and C. L Brooks, "Attributions of Self-Esteem as a Function of Duration of Eye Contact," *Journal of Social Psychology*, 133 (1993): 715-722.]

직접적인 눈맞춤은 순종을 키운다. [C. Kleinke and D. Signer, "Influence of Gaze on Compliance with Demanding and Conciliatory Request in a Field Setting," *Personality and Social Psychology Bulletin*, 5 (1979): 376-390.]

21장 경청 – 뭐라고 말하는가

연구에 의하면 모든 오해의 60%는 형편없는 경청 기술에서 비롯된다. [Murray Raphel, "Listening Correctly Can Increase Your Sales," *Direct Marketing*, 41, 11 (November 1982): 113.]

성공적인 배움의 80%는 얼마나 잘 경청하는가에 달려 있다. [Marshall Goldsmith and Mark Reiter, *What Got You Here Won't Get You There* (New York: Hyperion, 2007); "Now Go Out and Lead," *BusinessWeek.com* (January 8, 2007) (http://www.businessweek.com/magazine/content/07_02/b4016083.hm).]

훌륭한 관리자는 잘 경청하는 사람이다. [*Business Week Online* (February 1, 2007).

연구에 따르면 보통의 청취자는 사실을 기억하는 데 너무 많은 노력을 기울인다고 하므로 우리는 단순히 듣기만 하는 것이다. [Eugene Raudsepp,

"The Art of Listening Well," *Inc.* (October 1981): 135.]

효과적인 경청과 청중에 눈높이를 맞추는 능력을 갖는 것, 그리고 그들을 설득할 수 있는 것은 서로 긍정적인 관계가 있다. [S. B. Castleberry and C. D. Shepherd, C.D., "Effective Interpersonal Listening and Personal Selling," *Journal of Personal Selling & Sales Management*, 13 (Winter 1993): 35-49.]

22장 라포 – 즉각적인 관계 형성

긍정적인 지각을 만들 때 85%의 설득 기회가 생긴다. 그러나 부정적인 지각을 가지면 15%의 기회가 있을 뿐이다. [Kurt W. Mortensen, *Persuasion IQ: The 10 Skills You Need to Get Exactly What You Want* (New York: AMACOM, 2008).]

한 연구에 따르면 75%의 사람들은 '경박스럽게, 수다스러운'과 같은 말을 좋아하지 않지만, 그들 가운데 99%는 짜증이 날 때 이 말에 대해 신경 쓰지 않는다. [William T. Brooks and Thomas M. Travisano, *You're Working Too Hard to Make the Sale!: More Than 100 Insider Tools to Sell Faster and Easier!* (New York: McGraw-Hill, 1995), p. 47.]

고용인의 기분이 안 좋아지는 주요한 원인 중 하나는 경영진과 이야기 나누는 것이다. [J. Basch and C. D. Fisher, "Affective Events Emotions Matrix: A Classification of Job Related Events and Emotions Experienced in the Workplace," in N. Ashkanasy, W. Zerbe, and C. Hartel (eds.), *Emotions in the Workplace: Research, Theory and Practice* (Westport, Conn.: Quorum Books, 2000), pp. 36-48.]

우리의 얼굴 근육(다른 정서 혹은 감정을 나타내는 모든 것)은 250만 개가 넘는 다양한 표현을 만들어 낸다. [R. Birdwhistle, *Kinesics and Context: Essays on Body Motion and Communication* (Philadelphia: University of Pennsylvania Press, 1970).]

4부 타인에게 권한 부여하기 : 전염되는 협력

23장 고취 – 강점과 에너지

미국의 직장인은 대부분 활기가 없다. [Carmine Gallo, "The Seven Secrets of Inspiring Leaders," *Bloomberg BusinessWeek* (October 10, 2007). Carmine Gallo's research reveals techniques common to the leaders who best know how to inspire their employees, investors, and customers.]

고무적인 행동은 업무에 대한 부하 직원의 열의를 자극하며, 그룹의 목적을 달성하고 과제를 성공적으로 수행했다는 능력에 대한 그들의 자신감을 높여 준다. [Bernard M. Bass, *Bass & Stogdill's Handbook of Leadership*, 3rd ed. (New York: Free Press, 1990), p. 207.]

10%의 고용인만이 매일의 업무를 고대하는 것으로 드러났다. [Carmine Gallo, "The Seven Secrets of Inspiring Leaders," *Bloomberg BusinessWeek* (October 10, 2007). Carmine Gallo's research reveals techniques common to the leaders who best know how to inspire their employees, investors, and customers.]

훌륭한 경영자는 지지자를 안내하고 개인의 성장을 지지하며 지적 자극을 제공한다. [Bernard M. Bass, *Bass & Stogdill's Handbook of Leadership*,

3rd ed. (New York: Free Press 1990), p. 201.]

24장 자존감-자아 이해하기

자아상은 카리스마의 커다란 측면이다. 자아상은 욕구, 신념, 가치, 개인적인 의미의 관점에서 어떻게 자신을 묘사하는가를 포함한다. [W. L. Gardner and B. A. Avolio, "The Charismatic Relationship: A Dramaturgical Perspective," *Academy of Management Review*, 23 (1998): 32-58.]

칭찬은 사람들이 마음을 바꿀 수 있도록 만든다. 한 연구에서는 학생들의 에세이에 무작위로 높거나 낮은 점수를 부여했다. 그 결과, A를 받은 학생들은 자신의 에세이에서 견지했던 입장의 방향으로 더 호의적으로 기울었다. 그러나 낙제점을 받은 학생들은 자신의 이전 입장을 지지하지 않았다. [Kurt W. Mortensen, *Maximum Influence: The 12 Universal Laws of Power Persuasion* (New York: AMACOM, 2004).]

평균적인 가정에서 자랐다면 18세가 되기까지 '안 된다'는 말이나 어떤 일을 하지 못한다는 말을 148,000번 이상 들었을 것이다. [Dr. Shad Helmstetter, "What to Say When You Talk to Yourself," *Pocket* (January 15, 1990): 66.]

수입은 우리가 일을 하는 주된 이유이지만, 또한 대부분의 사람들은 성취로 얻을 수 있는 직무 만족도 원한다. [R. S. Dreyer, "What It Takes to Be a Leader-Today!" *Supervision*, 55, 5 (May 1994): 22(3).]

25장 신뢰성 – 현실 vs. 인식

성공은 카리스마의 이미지를 유지하는 비결이다. [J. A. Conger and R. N.

Kanungo, *Charismatic Leadership in Organizations* (Thousand Oaks, Calif.: Sage Publications, 1998).]

카리스마가 있는 사람들은 놀라운 성공을 이룬다. 장기적인 카리스마는 항상 장기적인 성공에 달려 있다. [J. A. Conger, and R. N. Kanungo, *Charismatic Leadership in Organizations* (Thousand Oaks, Calif.: Sage Publications, 1998).]

잦은 중단, 반복, 실수와 같은 서툰 연설은 신뢰를 저하시키는 것으로 밝혀졌다. [E. Engstrom, "Effects of Nonfluencies on Speaker's Credibility in Newscast Settings," *Perceptual and Motor Skills*, 83, 2 (1994): 579-588.]

연구에 따르면 체계적이지 못한 사람에 비해 잘 준비된 사람은 더 철저하고 더 준비된 것으로 여겨진다. 물론 이러한 지각은 그들의 신뢰성을 증가시킨다. [Kurt W. Mortensen, *Persuasion IQ: The 10 Skills You Need to Get Exactly What You Want* (New York: AMACOM, 2008).]

존중은 전문적·개인적 업무를 어떻게 수행했는가의 합계를 기반으로 한다. 당신이 모든 일에서 존중, 진실성, 인성을 보여 줬다면 사람들은 그것을 감지할 것이다. [Kurt W. Mortensen, *Persuasion IQ: The 10 Skills You Need to Get Exactly What You Want* (New York: AMACOM, 2008).]

26장 동기 부여 – 능력에 불을 붙여라

한 연구에 따르면 59%의 사람들은 자신들의 회사가 종업원에게 충분한 동기 부여를 해 주지 못한다고 전했다. [B. Reece and R. Brandt, *Effective Human Relations in Organizations*, 2nd ed. (Englewood Cliffs, N.J.: Prentice-Hall, 1982).]

모든 근로자 중 50% 이상은 자신의 업무 효율성을 2배로 늘릴 수 있다고 말했고, 미국의 근로자 중 85%는 자신의 업무를 더 열심히 할 수 있다고 말했다. [F. Herzberg, *The Motivation to Work* (New York: John Wiley & Sons, 1959).]

에드워드 데밍 박사는 높은 생산성을 올리기 위한 방법으로 직원이 영향력의 영역 안에서 변화를 만들어 내는 능력과 권위를 갖도록 함으로써 고유한 동기 부여를 갖게 해야 한다고 말했다. [W. E. Deming, "A System of Profound Knowledge," participant material distributed at the Quality Seminar (March 1991), Santa Clara, California.]

희망했던 변화를 향한 과정은 결과만큼 동등하게 이뤄지는 보상이다. [Victor Vroom, *Work and Motivation* (San Francisco: Jossey-Bass, 1994).]

사람들 중 42%만이 관리자가 최고의 동기 부여 기술을 사용한다고 느낀다. [B. Reece and R. Brandt, *Effective Human Relations in Organizations*, 2nd ed. (Englewood Cliffs, N.J.: Prentice-Hall, 1982).]

27장 호의 – 자선과 동정

타인을 돕는 것은 자존심을 세워 줄 뿐만 아니라 건강도 증진한다. 자원봉사를 하거나 타인을 돌보는 사람은 조기 사망률이 60% 더 낮다. [Robin Koval and Linda Kaplan Thaler, *The Power of Nice: How to Conquer the Business World with Kindness* (New York: Broadway Business, 2006), p. 104.]

관심을 보여 주는 것은 상대방의 최선의 이익을 위한 진심 어린 우정과 선의를 나타내는 것으로 사려 깊음, 공손함, 정중함을 지니고 행동하는 것을 의미한다. 이는 모든 상호작용의 밑바탕이 되며, 결국 그것은 관심을 갖는 환경을 조성한다. [Kurt W. Mortensen, *Persuasion IQ: The 10 Skills You Need to Get Exactly What You Want* (New York: AMACOM, 2008).]

우리 사회는 카리스마에 큰 가치를 둔다. 만약 당신이 카리스마적이고 훌륭하다 하더라도 그것이 훌륭한 지도자의 중요한 특징은 아니다. [William F. Baker, *Leading with Kindness: How Good People Consistently Get Superior Results* (New York: AMACOM, 2008].]

고용인은 조직적인 계획과 변화에 참여해야 한다. 그들은 개인적인 존재로서 대우받아야 하는데, 왜냐하면 그에 대한 보답으로 더 나은 업무 수행을 보이고 그들의 직업에 만족할 것이기 때문이다. [R. S. Dreyer, "What It Takes To Be a Leader-Today!" *Supervision*, 55, 5 (May 1994): 22(3).]

28장 비전 – 보고 맛보고 만지고 느껴 보라

비전을 제시해야 할 때 동의를 얻고 시행하라. 이를 위해서는 열려 있고 배려하는 고용인과의 관계와 면대면 의사소통이 필요하다. 비전을 설득력 있게 표현할 수 없는 사람은 성공할 수 없다. [N. M. Tichy and S. Sherman, *Control Your Own Destiny or Someone Else Will* (New York: HarperBusiness, 1994).]

1/3 이상(36%)의 사람들은 예지력 있는 사람이 지도자로서 가치 있다고 응답했다. ["Ugliness May Trump Charisma, Good Looks in Presidential Leadership Test" (http://www.alma.edu/academics/leadership/leadership_survey); copyright 2007 PR Newswire Association LLC.]

카리스마가 있는 사람은 우리에게 저항할 수 없는 미래의 이미지를 제시하기 위해 현실을 해석해 내는 '의미 제조자'이다. [J. A. Conger, *The Charismatic Leadership: Behind the Mystique of Exceptional Leadership* (San Francisco: Jossey-Bass, 1989).]

의미는 추종자가 그 사람과 그의 비전을 확인하는 데 중요하다. [J. A. Conger and R. N. Kanungo, *Charismatic Leadership in Organizations* (Thousand Oaks, Calif.: Sage Publications, 1998).]

비전을 분명하게 표현하는 관리자는 더 높은 수준의 직업 만족도, 동기 부여, 전념, 조직 및 조직의 생산성에 자부심을 가진다. [James M. Kouzes and Barry Z. Posner, *The Leadership Challenge*, 4th ed. (San Francisco: Jossey-Bass, 2008), p. 124.]

29장 공감 – 동정은 우정을 만든다

경영진은 비즈니스 관리자에게 요구되는 기술(사업 소질, 책임감, 명확성, 자신감 등)에 등급을 매기지만, 효과성을 위해 가장 높은 등급으로 예측되는 특질—동료들이 가장 중요하다고 여긴 것—은 바로 공감과 신뢰이다. ["Empathy Matters Most for Effective Leadership," *BlessingWhite* (December 26, 2007) (http://www.blessingwhite.com/docDescription.asp?id=216&pid=6&sid=1).]

카리스마가 있는 사람은 사람들의 욕구와 감정에 대해 자신의 민감성을 강하게 보여 주는 경향이 있다.[J. A. Conger and R. N. Kanungo, *Charismatic Leadership in Organizations* (Thousand Oaks, Calif.: Sage Publications, 1998).]

위대한 관리자는 부하 직원들과 정서적 유대를 만드는 방식으로 그들의 감정을 공유한다. [P. Salovey and J. D. Mayer, "Emotional Intelligence," *Imagination, Cognition and Personality*, 9(1990): 185-211.]

카리스마가 있는 사람은 부하 직원들에게 개별화된 주의를 기울이고 그들의 요구를 반영하며 개인적인 발전을 독려한다. [B. M. Bass, *Leadership and Performance Beyond Expectations* (New York: Free Press, 1985).]

카리스마가 있는 관리자는 부하 직원들을 존중하고 그들의 감정과 욕구에 관심을 갖는다. [P. M. Podsakoff, S. B. MacKenzie, R. H. Moorman, and R. Fetter, "Transformational Leader Behaviors and Their Effects on Followers' Trust in Leader, Satisfaction, and Organizational Citizenship Behaviors," *Leadership Quarterly*, 1(1990): 107-142.]

카리스마를 원하는가? 최고의 예측 변수는 공감과 신뢰이다. [*WFC Resources Newsbrief* (February 2008), 5, 2.]

30장 존중 – 존중을 얻고자 한다면 먼저 존중하라

조직에서 존중은 매우 중요하다. '전문가 습관'을 귀중히 여기는 기업은 시간이 지나면서 40%까지 실적이 더 좋아진다. 이런 조직은 지속적인 학습과 팀워크를 하고 모든 이해관계자들에 대해 관심을 갖는 문화가 있다.[R. Brayton Bowen, "Today's Workforce Requires New Age Currency: Responsibility, Respect, Relationships, Recognition and Rewards Work Well Together to Motivate Workers," *HR Magazine* (March 2004).]

관리자들은 직장 인간관계에서 성공하는 데 좋은 매너가 중요하다는 것을 알고 있다. 또한 좋은 매너는 고객에 대한 경청과 응대, 그리고 풍부하면서 다양한 노동 시장을 관리하는데 팀 실적의 증가를 보여 준다. [France Hesselbein,

"The Power of Civility: Demonstrate Appreciation and Respect," The *Nonprofit Times*, 16, 21 (November 1, 2002): 48(2).]

미국 내 직장에서 잦은 결근이 증가하고 있는데, 잦은 결근과 고용인의 사기는 직접적인 관련이 있다. 사기가 '높은/매우 높은' 기업에 비해 사기가 '낮은/매우 낮은' 기업은 지난 2년간에 걸쳐 거의 2배에 달하는 무단결근의 증가를 보고했다. 게다가 사기가 낮은 기업의 46%는 무단결근이 심각한 문제라고 했다. ["Employers Still Struggle with High Cost of Absenteeism," *HR.com* (October 28, 2001) (http://www.hr.com/SITEFORUM?&t=/Default/gateway&i=1116423256281&application=story&active=no&ParentID=1119278060936&StoryID=1119648002296&xref=httр%3A//www.google.com/search%3Fhl%3Den%26q%3DCCH+HR+Management+absent eeism%26aq%3Df%26oq%3D%26aqi%3D).]

대중이 생각하기에 어떤 측면의 신뢰가 중요한가를 알아보기 위해 여론조사를 실시한 결과, 응답자의 44%가 신뢰성이라고 응답했다. 흥미로운 점은, 이런 중요성에도 불구하고 응답자의 11.4%만이 신뢰가 지켜지고 있다고 느꼈다는 것이다. [Kurt W. Mortensen, *Persuasion IQ: The 10 Skills You Need to Get Exactly What You Want* (New York: AMACOM, 2008).]

끌림의 미학 **카리스마 법칙**

초판 인쇄 2015년 8월 25일
초판 발행 2015년 8월 31일

지은이　Kurt Mortensen
옮긴이　이소희
펴낸이　박찬후
디자인　김은정

펴낸곳　북허브
등록일　2008. 9. 1.

주소　　서울시 구로구 구로2동 453-9
전화　　02-3281-2778
팩스　　02-3281-2768
이메일　book_herb@naver.com
카페　　http://cafe.naver.com/book_herb

* 잘못된 책은 구입하신 서점에서 바꾸어 드립니다.

값 15,000원
ISBN 978-89-94938-23-3(03330)